Sibylle Luise Binder/Gabriele Kärcher

Wilde Pferde

Sibylle Luise Binder / Gabriele Kärcher

Wilde Pferde

Leben in Freiheit

Müller Rüschlikon

Einbandgestaltung: Katja Draenert

Das Titelbild und die Aufnahmen auf der Umschlagrückseite stammen von Gabriele Kärcher, Ebersbach.

Bild S. 24 Tim Kaufhold, Berlin. Alle übrigen Bilder im Innenteil des Buches stammen von Gabriele Kärcher, Ebersbach.

ISBN 3-275-01464-1

1. Auflage 2003

Lektorat: Claudia König
Innengestaltung: Marit Wolff
Reproduktionen: digi bild reinhardt, 73037 Göppingen
Druck: Bosch-Druck GmbH, 84030 Ergolding
Bindung: Conzella, 85609 Aschheim-Dornach
Printed in Germany.

Inhaltsverzeichnis

Faszination

Wildpferde

Wovon wir träumen …

Als Gott das Pferd gemacht hat, sagte er zu ihm:
Ich habe dich gemacht wie nichts anderes.
Alle Schätze der Welt sollen zwischen deinen Augen liegen.
Du sollst deine Feinde unter deinen Hufen zermalmen,
aber meine Freunde auf deinem Rücken tragen.
Dein Sattel soll der Sitz für Gebete an mich sein.
Und du sollst fliegen ohne Flügel und siegen ohne Schwert.

Der Koran

Was ist eigentlich ein Wildpferd?

»Wildpferd« – das Wort lässt die Augen von Pferdefreunden glänzen. Es steht für Stolz, Adel, für Überleben in der rauen Natur; für das »Einer für alle – alle für einen«-Miteinander der Herde; für die Ästhetik und sinnliche Ausstrahlung eines freien Geschöpfs, für unsere Kinderträume, in denen der Ruf des Hengstes auf der weiten Prärie hallt, für ein Leben ohne Grenzen, ohne Einschränkungen – kurz, für alle Werte, die uns überzivilisierte Menschen in unserer eng gewordenen Welt faszinieren. Im Wildpferd drückt sich die ganze Faszination Pferd aus. Wildpferde sind ein Mythos und für viele von uns ein Traum, den wir – zumindest im Urlaub – gerne mitträumen würden.
Fragt man Pferdefreunde aber, was ein »Wildpferd« eigentlich ist, bekommt man die verschiedensten Antworten. Die einen sagen »Mustangs« und man meint dabei zu hören, wie sie sich im Geiste eine Indianerfeder ins Haar stecken. Die nächsten scheinen in die Ferne zu träumen und aus ihrem »Die Schimmel im Rhône Delta« klingt die Sehnsucht nach Licht, Salzluft am Atlantik und dem Rauschen des Winds in Schilfhalmen. Wieder andere erzählen von dem Land, in dem Wasser und Erde ineinander überzugehen scheinen, von kleinen, zähen Pferden in einer herben, vom Sturm geprägten Landschaft – Connemara und die in den Bergen laufenden Ponys verkörpern ihren Traum von Freiheit und wilden Pferden.
Sie sehen: Schon die Definition »Was ist eigentlich ein Wildpferd?« fällt schwer. Würde man einen Zoologen nach ihr fragen, würde er vermutlich erst einmal den Kopf

Amerikanische Mustangs – sie stehen oft für das Wildpferd an und für sich.

schütteln und dann erklären, dass es keine »Wildpferde« mehr gibt. Im strengen Sinne des Wortes ist ein »Wildtier« nämlich eines, das innerhalb einer vom Menschen unbeeinflussten Population in seinem natürlichen Biotop lebt. Oder, um es weniger wissenschaftlich präzise, aber dafür vielleicht nachvollziehbarer auszudrücken: Ein Wildtier ist ein Tier, in dessen Leben der Mensch keine Rolle spielt. Es lebt da, wo seine Vorfahren sich entwickelt haben oder – ohne vom Menschen dazu veranlasst worden zu sein – eingewandert sind. Und damit ist schon einmal eines klar: Die amerikanischen Mustangs, die bei vielen von uns als die Wildpferde überhaupt gelten, entsprechen nicht dieser Definition. In Amerika sind die Equiden nämlich schon vor Millionen von Jahren ausgestorben. Mit den heutigen Mustangs waren diese vierhufigen, amerikanischen Ureinwohner ungefähr so nahe verwandt wie ein deutsches Sportpferd mit einem Islandpony.

Doch was sind denn nun »Wildpferde«? Wenn die frei lebenden Pferde in Amerika keine sind – wo finden wir denn dann noch welche?

Wir könnten wieder einmal einen Biologen fragen. Aber der würde uns vermutlich sagen: »Haben wir nicht mehr. Und kriegen wir so auch nicht mehr rein.«

Etikettenschwindel?

Es gibt keine Wildpferde mehr? Der Tatsache müssen wir uns jetzt wohl stellen. Aber bevor Sie nun das Buch wütend in die Ecke werfen und meinen Verlag des »Etikettenschwindels« bezichtigen, möchte ich auf eines der hübschen, kleinen »e« auf dem Titel hinweisen. Wenn Sie

Nachtwanderer – Mustangs in Montana.

Zusammenhänge – Wasservögel, Schilfsümpfe und Camargue-Pferde.

vielleicht noch einmal zurückblättern würden? Dann werden Sie nämlich feststellen: Dieses Werk heißt nicht »Wildpferde«, sondern »Wilde Pferde«. Das kleine »e« macht einen großen Unterschied: Mit ihm im Titel können wir uns über Pferde unterhalten, die wild und weitgehend vom Menschen unbeeinflusst leben, ohne befürchten zu müssen, Begriffs-Verwirrung zu stiften.

Nachdem wir nun aber schon mitten in der Wortdröselei sind, lassen Sie mich gleich noch zwei andere Begriffe klären: Nach unserer obigen Feststellung, was ein »Wildpferd« ist, sollte uns jetzt noch interessieren, was eigentlich das Wort »Urpferd« bedeutet – und warum Sie ihm hier immer wieder einmal begegnen werden.

Also: Mit »Urpferd« könnte man zum einen eines der Relikte meinen, die in verschiedenen Naturkundemuseen zu besichtigen sind: Knochen vom Hyracotherium, einem der frühesten pferdeähnlichen Tiere; ein versteinerter, gerade fuchsgroßer Equide, der in der Grube Messel gefunden wurde – in diesem Sinne sind »Urpferde« also Vorfahren unserer heutigen Pferde, die in Urzeiten lebten. Von ihnen wird hier manchmal die Rede sein, aber hauptsächlich werden wir mit »Urpferd« die Pferde bezeichnen, die einer Rasse entstammen, die sich innerhalb ihres natürlichen Biotops von Menschen unbeeinflusst entwickelt haben. Um noch genauer zu werden: Als »Urpferd« wird hier die einzig erhaltene Urpferde-Rasse der Welt, nämlich die Przewalski-Pferde (in ihrer Heimat auch »Thaki« genannt), Gegenstand der Verhandlung sein.

Wildpferd = Urpferd, Urpferd ≠ Wildpferd

Mathematik war nie mein Fach – vielleicht, weil sie im »wahren Leben« nicht immer funktioniert? Nehmen Sie die Gleichung oben als Beispiel. In der Mathematik müsste sie aufgehen: Wenn ein Wildpferd gleich einem Urpferd ist, dann müsste ein Urpferd eben auch gleich einem Wildpferd sein. Dem ist aber nicht so.

Fangen wir mit dem ersten Teil der Gleichung an: Wildpferd = Urpferd. Das funktioniert. Wie wir vorher festgestellt haben, sind Wildpferde Vierhufer, auf die nie ein menschlicher Einfluss gewirkt hat und die in ihrem ursprünglichen Biotop leben. Demgemäß sind alle Wildpferde gleichzeitig Urpferde, denn für die ist ja auch maßgebend, dass der Mensch nicht in ihre Rasse-Entwicklung eingegriffen hat.

Ein Urpferd bleibt aber auch dann ein Urpferd, wenn es nicht mehr in seinem ursprünglichen Biotop unterwegs ist. Es bleibt sogar dann ein Urpferd, wenn es in menschlicher Obhut ist – das macht den Unterschied und darum geht die Gleichung oben nicht auf.

Wenn wir aber schon bei der Mathematik sind, können wir auch gleich mit Mengenlehre weitermachen. Damit es richtig putzig wird, nehmen wir gleich noch einen Begriff dazu: Wild lebende Pferde. »Wild lebend« können wir alle nennen, die frei geboren sind und ohne Menschen klar kommen. Und nun obermengenlehrerhaft ausgedrückt: Die Gruppe der Urpferde ist eine Schnittmenge der Gruppe der Wildpferde. Die wiederum bildet – abzüglich der Urpferde in menschlicher Obhut – eine Untermenge in der Gruppe der wild lebenden Pferde.

Exkurs: Wie selten ist eigentlich »selten«?

Wir werden es im Folgenden immer wieder mit Pferderassen zu tun bekommen, deren Überleben bedroht ist. Oft genug werde ich das Wort »selten« für das Vorkommen einer Rasse verwenden müssen, wo immer es möglich ist, werde ich versuchen, Ihnen die Seltenheit in aktuellen Zahlen zu belegen.

Um damit aber abschätzen zu können, wie groß die Bedrohung des Aussterbens für einige Rassen schon ist, möchte ich die Zahlen einmal in Relation setzen – am Beispiel des englischen Exmoor Ponys, über das Sie später noch mehr hören werden. Laut Auskunft der Exmoor Pony Society gab es 1998 noch ungefähr 150 reine, frei lebende Exmoor Ponys in ihrem Ursprungsgebiet.

150 Pferde – das klingt nach einer ganzen Menge, nicht? Aber von diesen 150 Ponys sind lange nicht alle vermehrungsfähig. Ein Teil von ihnen ist schon zu alt, einige von ihnen werden Hengste sein, die nie zum Zug kommen,

Die letzten ihrer Art – Przewalski-Urpferde.

Freie Pferde zwischen Feuer und Eis – die Island-Ponys leben wild wie ihre Vorfahren.

vielleicht sind auch ein paar güste Stuten darunter – als Erfahrungswert kann man annehmen, dass 150 Pferde im Höchstfall 60 bis 70 Stuten meint, die das Überleben der Rasse sicher zu stellen haben.
Damit sind die Exmoor Ponys auf jeden Fall eine stark gefährdete Rasse. Wie sehr, zeigt sich, wenn wir die Zahl 150 noch einmal in Relation zu anderen Bestandszahlen bedrohter Tiere setzen. Da wäre zum Beispiel der Otter – wie wir alle wissen, ein Tier, das auf der roten Liste steht. Otter gab es 1998 in ihren verschiedenen Verbreitungsgebieten noch ungefähr 7.500 Stück. Denken Sie bitte daran, wenn wir von »seltenen« Rassen sprechen – mit dieser Zahl im Rücken können Sie wahrscheinlich besser einschätzen, wie groß die Gefahr ist, dass Ponys wie die Exmoors, die Fells, die korsischen oder gar die hochinteressanten portugiesischen Sorraias für immer verschwinden.

Wild lebende Pferde – Mythos und Realität

Wild lebende Pferde – läuft Ihnen bei der Vorstellung auch ein Wonneschauer über den Rücken? Denken Sie jetzt an den wilden Hengst, der auf einem Felssporn hoch über der Prärie steht, Schweif- und Mähnenhaare wehen im Wind, er schaut mit stolz erhobenem Kopf auf seine Herde hinunter, die im goldenen Herbstgras weidet.
Ein schönes Bild, nicht wahr? Eines, das für uns »Natur« und unsere Sehnsucht von einem Einswerden mit ihr verkörpert. Doch wie sieht die Realität hinter dieser Postkartenaufnahme aus? Leben Pferde in der Natur so? Haben unsere Kinder und Enkel eine Chance, sie noch so zu erleben?

Back to the roots

Um die Situation und auch die Problematik wild lebender Pferde wirklich verstehen zu können, müssen wir uns ein wenig mit der Entwicklungsgeschichte des Pferdes beschäftigen. Sie ist – ganz im Gegensatz übrigens zu der des homo sapiens – relativ gut erforscht. Wir wissen nämlich nicht nur, wo die ersten Pferde aufgetreten sind, sondern sogar (einigermaßen), wie sie ausgesehen haben.
Die Ursprünge reichen sehr weit zurück: Ungefähr 50 Millionen Jahre. Damals, im frühen Tertiär (auch »Eozän«, die »Zeit der Morgenröte« genannt) war die Erde noch von riesigen Urwäldern überzogen, in denen ein ungefähr fuchsgroßes, pferdeähnliches Wesen lebte: Das Eohippus. Es hüpfte noch auf jeweils drei Zehen statt eines Hufs pro Bein durch den Wald, es fraß auch noch keine Gräser, sondern ernährte sich von Blättern. Rekonstruktionen aus Knochenresten eines Eohippus erinnern uns nicht sehr an ein Pferd. Für uns ähneln sie eher einem schlanken, hochbeinigen Dachs oder einem Tapir. Letzterer ist sogar mit ihnen verwandt – hinter dem Eohippus spaltet sich nämlich der Stammbaum in zwei Arten auf: Die Tapire und Equus caballus.
Woher wir das wissen? Ganz einfach: Eohippus war sehr weit verbreitet und offenkundig auch sehr häufig. Daraus ergibt sich, dass sehr viele Relikte von Eohippi gefunden wurden. Die ersten grub der Engländer *Richard Owen* 1838 in der Nähe von London aus. Danach nahm man für lange Zeit an, Eohippus sei ein Europäer gewesen. Doch inzwischen weiß man: Die Urpferdchen hatten einen sehr viel größeren Lebensraum als Europa. Inzwischen wurden nämlich jede Menge Spuren und Überreste von ihnen in Amerika gefunden.

Wanderer zwischen Kontinenten

In den nächsten 25 Millionen Jahren haben sich die Pferdeartigen dann sogar noch weiter ausgebreitet. Spuren und Überreste des Eohippus-Nachfolgers Hyohippus, der im unteren und oberen Miozän (also circa 25 Millionen Jahre vor unserer Zeitrechnung) lebte, wurden nämlich nicht nur

Australischer Brumby – ein Fremdling auf dem fünften Kontinent.

in Europa und Nordamerika, sondern auch in Asien gefunden. Vermutlich haben sie sich von Amerika aus via Alaska über die damals noch bestehende Landbrücke zwischen den Kontinenten nach China begeben, wo sie bis vor etwa fünf Millionen Jahren überlebten.

Hyohippus ähnelte übrigens schon mehr einem Pferd als Eohippus. Er war größer – ungefähr 60 Zentimeter Schultermaß, seine drei Zehen standen schon näher beieinander als bei Eohippus und sein Gebiss zeigt, dass er kein reiner Blätterfresser mehr war, sondern auch schon Gräser und Kräuter zu sich nahm.

Back to the roots – die amerikanischen Mustangs sind ins Land ihrer Vorfahren zurückgekehrt.

Hyohippus musste sich vielseitiger ernähren als sein Vorgängermodell. In die Lebensphase seiner Art fiel nämlich eine der Warmphasen, die unsere Erde schon durchlaufen hat. Die Temperaturen stiegen – langsam, aber doch so, dass sich die Flora veränderte. Die Urwälder mit ihren Riesenfarnen gingen langsam zurück, weite Gegenden versteppten. Alle Tiere, die in den Wäldern lebten, mussten sich umstellen. Die Arten, denen es nicht gelang, starben aus. Doch die Urpferde waren flexibel. Sie entwickelten sich, wobei man sich diese Entwicklung allerdings nicht so geradlinig vorstellen darf, wie man sie früher im Biologiebuch vorgeführt bekam. Es war vom Eohippus nicht auf der Direttissima zum Hyohippus gekommen – und von dem aus ging es dann auch nicht ohne weitere Umwege zum Mesohippus, dem nächsten, weit verbreiteten Vorfahr unseres Pferdes.

Aus dem Versuchslabor der Natur

Dazwischen lagen – vorwiegend in Nordamerika, wo damals die Hippi ihre häufigste Verbreitung hatten – einige »Versuche« der Natur wie zum Beispiel Parahippus, Merychippus und Hipparion. Nehmen wir Hipparion als Beispiel für eine Entwicklung, die keine Zukunft hatte: Im Gegensatz zu den gleichzeitig lebenden Hippiden, die mit dem Übergang auf die Steppe anfingen, die drei Zehen zu einem Huf zu verschmelzen, stand Hipparion immer noch auf drei voll ausgebildeten Zehen, von denen allerdings nur der mittlere den Boden berührte. Dennoch war er mit diesen Zehen wohl nicht so gut zu Fuß wie die Hippiden, die mittlerweile Hufe entwickelt hatten. Damit war er auf der

offenen Steppe gegenüber Raubfeinden im Nachteil. Die »Strafe« der Natur für nicht perfekte Anpassung an veränderte Umstände folgt zwar oft erst nach Jahrtausenden, aber sie fällt immer gleich hart aus: Die betroffene Spezies stirbt aus. So geschah es auch mit Hipparion.

Um so erfolgreicher waren die amerikanischen Pferdevettern des Hipparion. Seit dem frühen Pleistozän (das fand vor ungefähr zwei Millionen Jahren statt) werden sie als »Equus« bezeichnet – und sie beherrschten das Leben auf der Steppe offenkundig hervorragend.

Der »Gradmesser« für Erfolg einer Art ist nämlich ihre Vermehrungsquote. Und die muss bei den frühen Equii in Amerika sehr hoch gewesen sein – so hoch, dass es irgendwann zu viele Frühpferde im Ursprungsgebiet gab.

Das Erfolgsgeheimnis der Pferde – soziale Interaktion mit Artgenossen.

Das Futter wurde knapp – und aus dem entwickelte sich vermutlich das, was wir heute noch bei Zebraherden beobachten können: In Jahren, in denen es nicht genug Futter für alle gibt, werden die rangniederen Tiere innerhalb eines Familienverbandes immer mehr an den Rand gedrängt. Junge Hengste werden früher als sonst üblich vom Herdenhengst vertrieben, junge Stuten, sonst vom »Chef« als eine willkommene Bereicherung des Harems gesehen und von den älteren Stuten als weitere Wachposten toleriert, werden vom Futter weggebissen. Das führt dazu, dass die mutigen Jungpferde sich selbstständig machen. Sie schließen sich mit anderen Jungpferden zu neuen Verbänden zusammen. Weil sie aber in ihrem Herkunftsgebiet keine Chance auf ein eigenes Revier haben, suchen sie sich einen neuen Überlebensraum. Sie wandern aus bis sie einen Platz finden, der zum einen für Pferde geeignet ist und der zum anderen noch keinen so hohen Bestand aufweist, dass sie darin Vertreibung befürchten müssen.

Nord- und südwärts

Im Fall der frühen amerikanischen Pferde war die Suche nach neuen Lebensräumen schließlich mit großen Wanderungen verbunden. Ein Teil von ihnen marschierte gen Süden und über die seit dem Pliozän bestehende mittelamerikanische Landbrücke nach Südamerika.

Einen anderen Teil zog es gen Norden. Über Alaska und die damals noch bestehende Landbrücke nach Sibirien erreichten sie Asien und Europa. Dort entwickelten sie sich erfolgreich weiter, wobei noch einmal eine kleine Aufspaltung stattfand: Die im kalten Nordeuropa beheimateten Frühpferde entwickelten sich zu einem Typ, der wohl schon sehr stark dem heutigen »nordischen« Wildpferd Przewalski glich. Die, die es eher gen Süden in die Wärme gezogen hatte, glichen vermutlich mehr den noch heute in Portugal lebenden, recht urtümlichen, aber im Vergleich zum Przewalski leichteren und edler wirkenden Sorraias.

Und weg …

Gemessen an der langen Entwicklungsgeschichte der Pferde, scheint es erst einen Wimpernschlag her zu sein, dass sie in Amerika ausgestorben sind: Bis ungefähr ins Jahr 10.000 vor unserer Zeitrechnung finden sich jede Menge Spuren von ihnen. Doch danach findet sich nichts mehr. Irgendwann, zwischen 10.000 und 8.000 v. Chr., verschwanden die Pferdeherden von den amerikanischen Steppen.
Was war geschehen? Die Wissenschaftler haben mehrere Theorien zu bieten. Eine davon schiebt die Verantwortung für das Aussterben der Pferde auf das Auftreten einer neuen Eiszeit, die sich auf die amerikanische Flora verheerend auswirkte und den dortigen Pferden die Nahrungsgrundlage entzog. Dagegen spricht allerdings, dass die Pferde sich in Millionen von Entwicklungsjahren davor als Anpassungskünstler gezeigt hatten. Warum sollten sie die Fähigkeit plötzlich verloren haben, während sie ihren Verwandten in Europa erhalten geblieben war und ihnen damit das weitere Überleben ermöglichte?
Wir werden die Frage nicht beantworten können. Aber vielleicht ist ja auch eine andere Theorie wahrscheinlicher? Zum Beispiel die, dass in Amerika eine Epidemie auftrat,

Dickfellig – die Przewalskis sind typische »Nordpferde«.

Edelknaben – die Sorraias als typische »Südpferde«.

die die Pferde ausrottete? Es wäre möglich – solche Ereignisse hat es immer wieder gegeben.
Eine dritte Möglichkeit: Das Aussterben der Pferde in Amerika fällt mit der Besiedlung des Kontinents zusammen. Neueren Erkenntnissen zufolge fand sie nicht vor ungefähr 10.000 Jahren, sondern schon um 30.000 v. Chr. herum statt. Damals wanderten Menschen über die Landbrücke ein und wie später die Einwanderer aus Europa wurde Amerika für sie zum »gelobten Land«. Sie zogen als Sammler und Jäger durch das Land – und man kann davon ausgehen, dass Pferde zu ihren Beutetieren gehörten. Vielleicht haben diese frühen Einwanderer, die sich in Amerika fröhlich und erfolgreich vermehrten, für das Aussterben der Pferde gesorgt, in dem sie zu viele von ihnen gejagt haben?
Es ist nicht unwahrscheinlich. Die logischste Erklärung ist aber, dass die beiden genannten Faktoren zusammengespielt haben: Die Einwanderer haben gejagt und damit so viele Pferde ausgerottet, dass der verbleibende Rest sich nach einer weiteren Bestandsminimierung durch eine Epidemie nicht wieder erholen konnte und die Pferde in Amerika ausstarben.
Aber eigentlich spielt es heute keine große Rolle mehr, warum die Pferde in Amerika ausgestorben sind. Wichtiger ist: Als die ersten »Auswärtigen« – seien es nun Ägypter, Phönizier, Wikinger oder später die Templer (Columbus und die Seinen waren jedenfalls nicht die ersten, so viel ist inzwischen sicher) – nach Amerika kamen, gab

es dort keine Pferde mehr. Alle Pferde, die heute dort leben, seien es die Mustangs in Nordamerika oder die Cimarrons in Südamerika, gehen auf später eingeführte europäische Hauspferde zurück.

Und nun?

Sie ahnen, dass ich Ihnen die Geschichte von der Abstammung und den Wanderungen der Urpferde nicht ohne Absicht erzählt habe? Ich wollte die ursprünglichen Verbreitungsgebiete der Pferde zeigen. Über die muss man nämlich Bescheid wissen, wenn man die Situation der heutigen wilden Pferde einigermaßen differenziert beurteilen will.

Wir haben es heute mit drei großen und einer sehr kleinen »Wildpferde«-Gruppe zu tun:

1. Die europäischen und asiatischen Wildpferde (darf ich Sie in diesem Zusammenhang um etwas Geduld bitten? Die Erklärung, warum die Europäer und Asiaten hier in einer Gruppe auftauchen, folgt im nächsten Kapitel).
2. Die amerikanischen Mustangs (und natürlich, wenn man sie getrennt sehen will, die südamerikanischen Cimarrons).
3. Die australischen Brumbies.
4. Die verwilderten Pferde in Namibia.

Wenn wir diese Gruppen einmal im Hinblick auf ihre jeweiligen Verbreitungsgebiete betrachten, zerfallen sie in zwei Bereiche: Bei den Europäern, Asiaten und Amerikanern haben wir Pferde, die in den Biotopen leben, in denen ihre Evolution stattgefunden hat. Weil aber in der Natur das eine immer vom anderen abhängig ist, weil eine Tierart sich nie unabhängig von anderen Spezies und der Flora in ihrem Revier entwickelt, weil ständig Wechselwirkung stattfindet, kann man daraus den Umkehrschluss ziehen: Die Gebiete, in denen die europäischen, asiatischen und amerikanischen wilden Pferde leben, sind Biotope, deren Evolution auch durch das Pferd geprägt ist. Anders gesagt: In Amerika, in Asien und auch in Europa ist das Pferdevorkommen »natürlich«. Das jeweilige Ökosystem kann damit umgehen, weil es Millionen von Jahre Zeit hatte, sich auf Pferde einzustellen.

Die Eindringlinge

Australien wird gerne der »fünfte« Kontinent genannt. Doch eigentlich wäre der »erste« zutreffender, denn wie wir alle in der Schule gelernt haben: Die einzelnen Kontinente haben sich durch das »Auseinanderbrechen« und das Auseinanderdriften der dabei entstandenen Erdplatten entwickelt. Dabei war Australien vermutlich der erste Kontinent, der keine Verbindung mehr zur »alten Welt«

hatte. Daher entwickelte sich das australische Ökosystem unabhängig von allen anderen. So entstand eine Pflanzen- und Tierwelt, wie man sie nirgends anders findet. Als typisch dafür gelten die Beuteltiere wie zum Beispiel die verschiedenen Känguruharten, aber auch der inzwischen ausgestorbene tasmanische Beutelwolf, die Beutelratten und was Mütterchen Natur in Australien sonst noch so alles – als Beweis dafür, dass das Säugetier nur eine Möglichkeit ist, hoch entwickelte Jungtiere in die Welt zu bringen – »zusammengebeutelt« hat.
Doch genau darin, dass die australische Flora und Fauna so ganz besonders sind, besteht auch ihre heutige Problematik – und die der wilden Pferde, in Australien »Brumbies« genannt.
Die Pferde sind – ebenso wie die Kaninchen, die sich zur Naturkatastrophe für Australien entwickelt haben – zusammen mit den zweibeinigen Einwanderern aus der alten Welt nach Australien gekommen. Und zunächst einmal wäre die Einfuhr von Pferden in Australien auch kein Problem gewesen. Sie gediehen dort, sie fühlten sich wohl und sie brachten zum Glück keine Krankheiten mit, die einheimische Tiere umbrachten. Aber durch die Art der Haltung auf den australischen Schaffarmen und die Unübersichtlichkeit des umliegenden, riesigen, freien Landes war es für die Pferdehalter fast unmöglich, zu verhindern, dass immer wieder Pferde aus ihrem Bestand sich selbstständig machten, dass sie ihr Heil im »Wildleben« suchten.
Das Land schien sie willkommen zu heißen: Pferde trafen in Australien – ganz im Gegensatz übrigens zu Amerika, wo ihnen früher Pumas als Fressfeinde und Bisons als gleich starke Nahrungskonkurrenten gegenüber standen – auf keine Verbreitungs-Einschränkung. Die australische Fauna stellt ihnen keinen Fressfeind gegenüber – nicht einmal der Beutelwolf war je eine Gefahr für Pferde, denn er war ein relativ kleiner, zierlicher und vor allem nicht sehr schneller Angreifer, der nie die Rudeltaktik entwickelte, mit der zum Beispiel afrikanische Hyänen Equiden zu Leibe rücken.

Ureinwohner unter Druck – Australiens Känguruhs werden weniger.

Koalas – in Australien vom Aussterben bedroht.

Der Pyrrhus-Sieg: Pferde erobern Australien

Nach Darwins Leitsatz von »the survival of the fittest« sind Pferde als eine besonders erfolgreiche Spezies anzusehen. Sie haben es nämlich immer wieder geschafft, sich erfolgreich anzupassen und sich zu vermehren. So auch in Australien. Die Pferde, die da von den Farmen entkommen waren, fanden sich im Hinterland. Sie bildeten Herden, sie vermehrten sich – so sehr, dass sie mittlerweile zu einem echten Problem für Australien geworden sind.
Dafür stehen zwei Gründe – einer, der laut ausgesprochen wird und den auch wir europäische Pferdefreunde nachvollziehen sollten und einer, der einen wiederum bedenklich stimmen sollte. Der erste: Die wilden Pferde in Australien schränken den Lebensraum einheimischer Tiere ein und fördern damit ihr Aussterben. Wo eine große Brumby-Herde unterwegs ist, bleibt zum Beispiel den inzwischen als bedroht anzusehenden Känguruhs und anderen einheimischen Spezies in Australien kaum noch etwas zu Fressen übrig. Und damit nicht genug: Im »outback«, den sehr kargen, regenarmen Trockengebieten im Inneren des fünften Kontinents, verdrängen Pferde die einheimischen Tiere auch am Wasser. Je mehr Pferde es in solchen Gebieten gibt, desto mehr geht das zu Lasten der Artenvielfalt – und zwar nicht nur der »tierischen«, sondern auch der pflanzlichen, denn Pferde fressen so manches Kräutchen, das Känguruhs nicht in der Menge erledigen würden. Und damit nicht genug: Die Anpassungskünstler auf vier Hufen sind auch heute noch fähig, wie

Australischer Brumby – eine Bedrohung für das Ökosystem.

dereinst ihre Vorfahren von Gräsern auf Blätter umzustellen. Auch Rinde – vor allem junge, die noch saftig ist – gilt bei ihnen als Leckerbissen. In Amerika und Europa ist das kein Problem. Dort haben die Bäume in den Jahrtausenden gemeinsamer Entwicklung mit Pferden gelernt, entweder so hoch zu wachsen, das vorwitzige Pferde nicht an sie kommen oder eben eine Rinde zu haben, die Pferden nicht sonderlich schmeckt.

Die australischen Bäume haben solche »Fähigkeiten« nicht entwickelt. Werden sie von einer ganzen Pferdeherde kahl gefressen, so gehen viele von ihnen ein. Und mit jedem, der stirbt, verändert sich das Ökosystem.
Wollte man die einzigartige Tier- und Pflanzenwelt Australiens erhalten, müsste man das Ökosystem vor den wilden Pferden schützen. Und so hart das klingt – hart, weil wir ja alle wissen, dass das nur durch eine gezielte Bestandreduzierung bis hin zu einer nicht mehr vermehrungsfähigen Population gelingen würde – so sehr muss man sich wohl der Tatsache stellen: Pferde gehören nicht nach Australien – jedenfalls nicht als Wildtiere innerhalb eines empfindlichen Ökosystems.

Müssen die Brumbies verschwinden?

Dass die Abschussprogramme trotzdem so umstritten sind und dass auch mir beim Gedanken daran sehr unbehaglich ist, liegt daran, dass sie leider nicht nur zum Schutz der australischen Flora und Fauna propagiert und vorwärts getrieben werden, sondern auch, weil die wilden Pferde inzwischen auch Nahrungskonkurrenten der Schafe sind, die immer noch eine Haupteinnahmequelle der australischen Landwirtschaft darstellen. Die Schaffarmer, die für die Verbreitung wilder Pferde in Australien verantwortlich sind, wollen sie heute wieder ausrotten – und das, um ihre Herden vergrößern zu können. Schafe aber gehören auch nicht ins australische Ökosystem und schädigen es wahrscheinlich nicht weniger als Pferde.
Die Situation der wilden Pferde in Australien ist von Europa aus schwierig zu beurteilen. Man sollte sich bei jedem Versuch vor einer falschen Naturromantik der Klasse »Aber Pferde sind doch so schön – und passen doch so gut in die australische Landschaft« hüten. Das kann es nämlich nicht sein. Aber ein einfaches »Schiesst es ab!« kann es auch nicht sein. Vielleicht wäre es am sinnvollsten, die Brumbies in Reservaten zu halten, in dem riesigen und immer noch sehr dünn besiedelten Australien einen Versuch zu wagen, was Evolution in unserer Zeit noch bringen kann? Das Ergebnis könnten natürlich erst unsere Ururenkel beurteilen – aber vielleicht würden sie sich an dieser unserer Hinterlassenschaft ausnahmsweise einmal freuen?

Bleiben die Afrikaner …

Die »jüngste« Population wilder Pferde – und eine, deren »Überleben« in der Natur noch als fraglich gelten muss – ist die in der afrikanischen Namib-Wüste. Dort wurden vor nun mehr ungefähr 50 Jahren zum erstenmal freie Pferde beobachtet – eine magere, wie es damals schien, halbverhungerte, kleine Herde. Doch nun ist die Herde immer noch da – und sie hat sich sogar ein wenig vergrößert. Das zeigt, dass sie in der Namib durchaus eine Überlebenschance hat.

Doch wo kommen die Pferde her? Man kann nur spekulieren. Die Möglichkeit, für die am meisten spricht: Nicht all zu weit von der Namib-Wüste entfernt gab es einmal eine Farm, auf der Trakehner gezüchtet wurden. Die jetzigen »Wildpferde« könnten Nachfahren von Trakehnern sein, die sich von dieser Farm aus verselbstständigt haben.

Rätselhaft – Trakehner in der Namib-Wüste.

Wie ist die Situation dieser afrikanischen Wildlinge zu beurteilen? Zunächst einmal sind sie ja auch Pferde in einem Land, in dem es eigentlich kein natürliches Pferdevorkommen gibt. Das scheint eine Parallele zu den Brumbies zu schaffen – aber nur auf den ersten Blick. Auf den zweiten sieht es ganz anders aus.
In Afrika gibt es nämlich Equiden. Wie wir vorher gelernt haben, sind in der Frühgeschichte der »pferdischen« Evolution Vorfahren unseres Pferdes über eine Landbrücke nach Afrika ausgewandert – und haben dort, nachdem die Landbrücke versank, eine unabhängige Entwicklung durchlaufen.
Ihre größte Herausforderung waren dabei die in Afrika heimischen Tsetse-Fliegen, deren Gift für Pferde tödlich ist. Doch die afrikanischen Equiden haben gelernt, die Tsetse-Fliegen auszutricksen: Sie haben einen Tarnanzug

angelegt, der die Augen der Fliegen so irritiert, dass sie die afrikanischen Equiden nicht mehr als potenzielles Ziel erkennen.

Die Vielfalt der Evolution – Streifen schützen vor Tsetse-Fliegen.

Pferde im Pyjama

Wie der Tarnanzug aussieht? Ganz einfach: Gestreift – in Varianten. Je nachdem, in welchem der afrikanischen Gebiete mit welcher Tsetse-Fliegenart er sich entwickelt hat, sind die Streifen der Zebras mal breiter, mal schmaler, mal die Beine mit umfassend, mal nur an den Beinen auftretend. Aber auf jeden Fall verhindert die Streifung der Zebra, dass sie von Tsetse-Fliegen erkannt und angeknabbert werden. Das hat ihnen das Überleben in Afrika ermöglicht – und damit andersherum dem afrikanischen Ökosystem eine Anpassung an das Auftreten von Equiden ermöglicht.

Die amerikanischen und europäischen Pferde haben diese Anpassung natürlich nicht durchlaufen. Equus Caballus hat keine Streifen – und ist darum in weiten Gebieten Afrikas nur in menschlicher Obhut überlebensfähig, weil es ständig Impfungen braucht. Doch da, wo es keine Tsetse-Fliegen gibt wie zum Beispiel in der extrem trockenen Namib, können europäische Pferde sich in Afrika halten – und sie sind dort keineswegs »Eindringlinge« im Ökosystem.

Zudem ist unter den gegebenen Umständen nicht damit zu rechnen, dass sich die inzwischen in der Namib wild lebenden Pferde weiter ausbreiten. Würden sie nämlich in

Gebiete vordringen, in denen sie zu Nahrungskonkurrenten für die einheimischen Zebras würden, wären sie ja durch Tsetse-Fliegen gefährdet. Also sind die paar Exemplare, die in der Namib leben, keine Gefahr für das Ökosystem, sondern eher als ein interessantes Experiment der Natur zu betrachten. Ob sie langfristig überleben werden ist nämlich immer noch nicht sicher – die Herde balanciert sehr knapp an der gerade noch überlebensfähigen Populationsgröße entlang. Die Gefahr, dass sie auf die Dauer durch ständige Inzucht untergehen wird, ist noch lange nicht gebannt – und menschliche Eingriffe, um das zu verhindern, sind natürlich nicht wünschenswert.

Some like it wild

Zum (hoffentlich) guten Schluss des Kapitels erlauben Sie mir eine Frage, die Ihnen vielleicht auf den ersten Blick komisch erscheint: Warum gibt es eigentlich so viele verwilderte Pferde?
Weil so viele Pferde in Ländern wie Amerika, Australien und Afrika eingeführt worden sind und es sich daraus

Überleben draußen
– nur die Starken
haben eine Chance.

eben ergab, dass ein Teil von ihnen der menschlichen Obhut entkommen und verwildern konnte?
Wenn es so einfach wäre, dann würden wir vermutlich nicht nur von verwilderten Pferden, sondern ebenso von verwilderten Schweinen, Schafen und Kühen reden. Schließlich sind in Amerika vermutlich sehr viel mehr Rinder eingeführt und gezüchtet worden als Pferde, schließlich haben die Australier mittlerweile bestimmt sehr viel mehr Schafe als Pferde produziert.
Warum also gibt es keine verwilderten Kühe und Schafe? Warum sind die Hausschweine brav bei den Menschen geblieben und haben sich nicht in der Natur ausgebreitet?
Ganz einfach: Keines der anderen »Nutztiere« des Menschen hat ein so großes Verwilderungspotenzial wie das Pferd. Unsere Hauskühe, -schweine und -schafe sind von ihren jeweiligen Urformen sehr viel weiter entfernt als das Pferd – was wahrscheinlich damit zu tun hat, dass bei ihnen viel mehr auf einen bestimmten Punkt hin selektiert wurde wie beim Pferd. Ein Schwein, das dem Menschen »nützlich« zu sein hat, soll vor allem ein guter Futterverwerter sein, das heißt, es soll mit möglichst geringem Futtereinsatz viel Fleisch produzieren. Eine Kuh soll möglichst viel Milch bringen – ob sie dabei groß oder klein, dick oder dünn, intelligent oder eher dumm ist, interessiert niemanden.
Das Anforderungsprofil an Pferde lag schon immer höher und war vielfältiger. Ein gutes Pferd soll (mindestens) gehorsam, lernfähig, menschenfreundlich, leichtfuttrig, widerstandsfähig und fruchtbar sein. Außerdem kann es nicht schaden, wenn es hübsch und schnell ist, wenn es bequem zu sitzende Gänge oder eine hohe Zugleistung bietet – Sie sehen: Pferdezucht hatte schon immer ein weiteres Spektrum als Schweine- oder Rinderzucht.
Daraus ergibt sich, dass Pferdezucht sehr viel weniger große Sprünge gemacht hat als andere landwirtschaftliche Nutztierzuchten. Wer nur auf ein Merkmal hin selektiert, kann innerhalb von ein paar Generationen Verbesserungen erreichen. Wer aber immer unter dem Gesichtspunkt »Das eine verbessern, ohne das andere zu verschlechtern« vorgehen muss, wird näher an der Urform – die ja eigentlich schon ziemlich viele Voraussetzungen erfüllt – bleiben.

Domestizierung verdummt

So hart es klingt, so können es Verhaltensforscher und Biologen doch eindeutig beweisen: Fast bei allen Tierarten, von denen es Wild- und Hausformen gibt, sind die Haustiere »dümmer« als ihre wilden Vettern. Ihre Hirnmasse hat im Lauf der Domestizierung abgenommen, ihre Intelligenzleistungen sind denen ihrer wilden Vettern kaum mehr vergleichbar.
Das ist kein Wunder: Ein Haustier, das sich weder um Futter noch Sicherheit kümmern muss, wird einfach nicht so sehr gefordert wie ein Wildtier, für das jeder Tag Überlebenskampf ist. Und bei einem Haustier ist Dummheit nicht unbedingt der Fortpflanzung abträglich, während sie beim Wildtier meist tödlich endet. Ein Wildschaf, das nicht clever genug ist, einen angreifenden Fressfeind früh genug zu erkennen und sich zu verdrücken, bekommt meist keine zweite Chance – und damit auch keine, ebenso unbegabte Lämmer in die Welt zu setzen. Wildleben verlangt und fördert Intelligenz. Domestizierung verhindert sie und baut sie auf Dauer – in kleinen Portionen, aber auf Dauer doch merklich – ab.
Nur beim Pferd war das so nicht der Fall. Das Pferd wurde immer anders gefordert als alle anderen Nutztiere. Es wurde zum Gefährten des Menschen, weil es innerhalb seiner Evolution eine ausgeprägte emotionale Intelligenz entwickelt hat.
Keine andere unserer Nutztierarten zeigt in ihrem Artverhalten derartige soziale Fähigkeiten wie das Pferd, keine entwickelt eine derartige Sensibilität für seine Umwelt und die, mit denen es zusammenlebt. Und genau diese Fähigkeiten, die das Pferd im Wildleben entwickelt hat, braucht es ja auch im Zusammenleben mit dem Menschen. Darum hat sich die »pferdische« Intelligenz auch in der Domestikation erhalten – und daraus wiederum entspringt, dass unsere Hauspferde zur Verwilderung fähig sind. Sie haben nicht abgebaut, ihr Instinktprogramm funktioniert immer noch.
Daraus, dass fast jedes Hauspferd fähig ist, ohne uns zu überleben, darf man nun aber nicht den Rückschluss ziehen, das andersrum jedes Wildpferd fähig ist, zum zahmen Hauspferd zu werden. Die, die draußen überleben und sich fortpflanzen, sind die Starken, die Unabhängigen,

Für die Freiheit geboren – Przewalski-Fohlen bringen alle nötigen Instinkte mit.

die Cleveren. Darauf selektiert die Natur – und darum darf man nicht glauben, dass aus einem Mustang ein Sofapudel wird, wenn man ihn nur einfängt und anfüttert. Und man darf auch nicht glauben, dass ein Przewalski-Fohlen dem Menschen so vertrauensvoll und lieb entgegenkommt wie ein Haustierfohlen. Wildpferde – ob »echte« oder verwilderte – sind etwas ganz Besonderes, starke Individuen, besonders helle Köpfchen. Respektieren wir sie dafür – und freuen wir uns daran, dass es noch Pferde gibt, die ohne uns klarkommen.

Mitten unter uns –

Wild- und Urpferde in Europa

Gott hat zuerst den Mann gemacht.
Dann dachte er nach und schuf die Frau.
Als er danach Zeit hatte, machte er das Pferd,
das den Mut und den Geist eines Mannes und
die Schönheit und Grazie einer Frau hat.

Brasilianisches Sprichwort

Es hat fast etwas skurriles: Wann immer von »Wildtieren« die Rede ist, sieht man in den Augen der bekannt reiselustigen Deutschen dieses Leuchten, das auf Fernweh deutet. Und sagt man gar »Wildpferd«, dann scheint das Gegenüber den imaginären Cowboy-Hut in den Nacken zu schieben und die Ohren zu stellen, ob da draußen auf der Prärie nicht endlich die Hufe von Old Shatterhands Mustang zu hören sind.

Wahrscheinlich haben wir es dem außerordentlich phantasiebegabten Herrn Karl May zu verdanken, dass »Wildpferd« und »Wilder Westen« für uns so sehr aneinander gebunden sind, dass wir darüber fast eine Tatsache übersehen: In einer »Wildpferdebestand pro Kopf der Bevölkerung«-Statistik würde Europa vermutlich besser abschneiden als Amerika.

Die Aussage erscheint Ihnen verwegen? Ich bedauere, sie nicht mit konkreten Zahlen belegen zu können – dummerweise gibt es bei den Amerikanern nur Schätzungen und in Europa wäre es zu mühsam, die verschiedenen Populationen hoch- und zusammen zu rechnen. Aber schauen wir uns doch einmal in unserer Umgebung nach Wildpferden um. Wir werden nämlich sehr schnell fündig – zum Beispiel in Westfalen. Da gibt es nämlich nicht nur die Dülmener, die auf der Wildbahn des Herzogs von Croy schon seit vielen Jahren frei leben, sondern neuerdings auch wieder die Senner, eine der ältesten und leider auch be-

Wildpferde unter uns – die Ponys in der Dülmener Wildbahn.

drohtesten Pferderassen Europas. Von ihnen gibt es gerade noch um die 40 Exemplare – aber es könnten mehr werden, denn inzwischen lebt wieder eine kleine Herde in der ihnen angestammten Bielefelder Senne. Und wenn wir ein Stück weiter gehen, ins ehemalige Jagdgebiet der Nazi- und DDR-Größen, die brandenburgische Schorfheide, dann finden wir im dortigen Großwildpark ein Reservat für Przewalski-Pferde. Die üben dort das Leben in Freiheit – als Vorbereitung für die Auswilderung in der Mongolei. Doch damit noch lange nicht genug. Wir Deutschen sind vielleicht Weltmeister in der Sportpferdezucht, aber in der Wildepferdehaltung sind wir es sicher nicht. Da haben uns unsere Nachbarn einiges voraus – zum Beispiel die im hohen Norden. In Island hält man Pferde traditionell »robust«, das heißt: So frei und wild wie möglich. Die Herden streifen nicht nur im kurzen, arktischen Sommer durch die Tundra, sondern verbringen auch die Winter draußen. Nur wenn es ganz dick kommt, bekommen die vierbeinigen Isländer von ihren zweibeinigen Freunden eiweißhaltiges Zusatzfutter wie zum Beispiel Stockfisch. Ansonsten müssen die Pferde sehen, wie sie sich aus dem Land ernähren.

Großbritanniens Eingeborene

Nicht viel anders ergeht es den nativen (= eingeborenen) englischen und irischen Ponies. Wahrscheinlich stammen sie von den Pferden der Kelten ab – mit einem Schuss römischen Blutes. Ihre Haltungsform jedenfalls hat sich seit den Zeiten der Kelten wenig verändert: Die »little horses«, wie die Pferde in England und Irland genannt werden, laufen das ganze Jahr frei und werden nur zum Aussortieren der Jungtiere eingefangen. Dabei leben die kleinen Engländer, Schotten und Iren vorwiegend in sehr rauer Landschaft – so zum Beispiel auf den sturmumtosten Shetland-Inseln vor der Küste Schottlands; in den Pennines, der kargen Gebirgskette im Norden der englischen Provinz Yorkshire; dem Exmoor und in den Sümpfen und Hochmooren des irischen Küstenlandes Connemara.

Im Hochtal der Ariège – die Mérens-Pferde.

Auf der anderen Seite …

… des Atlantiks gibt es ebenfalls wilde Pferde. So zum Beispiel in Portugal, wo die edelsten und leider auch bedrohtesten aller Wildpferde unterwegs sind: Die Sorraias. Wahrscheinlich die berühmtesten europäischen Wildpferde leben in Frankreich: Die Crin Blanks, die Camargue-Schimmel im Delta der Rhône. Ihr Gegensatz, meist in schwarz, sind ebenfalls halbwilde Pferde: Die Landais-Ponys, die im Südwesten Frankreichs im Mündungsgebiet der Ardour zuhause sind. Und schließlich gibt es in Frankreich auch noch die Mérens-Ponys, die im schwer zugänglichen Hochtal der Ariège leben. Und wenn wir dann schon in dieser Gegend unterwegs sind: Korsika, Heimat des Renommier-Franzosenkaisers Napoleon, hat ebenfalls eine sehr interessante, wild lebende Pferderasse zu bieten: Die Poney

Besonders edel – auf Korsika ist das vom Araber abstammende Poney Corse zuhause.

Corse, die allerdings bedeutend weniger »wildpferdemäßig« aussehen als die anderen hier genannten Rassen – was kein Wunder ist, weil beim Poney Corse auch heute noch Araber eingekreuzt werden.

Je wildpferdiger, desto natürlicher

Wir hatten es jetzt schon erwähnt: Die Poney Corses sehen wenig »wildpferdemäßig« aus. Dafür könnten – jedenfalls was Fell und Zeichnung angeht – die englischen Exmoor Ponys oft geradezu für das Lehrbuchphoto »Wildpferde-Aufmachung« Modell stehen. Sie haben nämlich sehr oft ein Mehlmaul, einen Aalstrich und den typischen »Spiegel«.

Mehlmaul? Aalstrich? Spiegel? Ja, jetzt geht es ans Eingemachte: Wie sehen Wildpferde aus, also die Vierhufer, die nicht durch unseren Geschmack und menschliche Eingriffe in die Zuchtselektion geprägt sind? Das ist für uns und das Weitere wichtig, denn man kann die typischen Wildpferdemerkmale als Index anlegen: Je mehr ein Pferd noch davon hat, desto »natürlicher« ist es und desto näher ist seine Rasse dem »Urpferd«.

Grundausstattung

Um »typische Wildpferdemerkmale« zu erkennen, empfiehlt es sich wohl, ein typisches Wildpferd anzuschauen – oder sich erst einmal Gedanken darüber zu machen, was eigentlich für einen Vierhufer, der draußen, auf der Steppe, überleben will, an äußerer Ausstattung sinnvoll ist. Wie wir nämlich wissen, gehört Mutter Natur zu den pragmatischen Entwicklern. Sie hat jede Veränderung am Grundmodell im Praxisversuch getestet, sie hat über Jahrtausende am Detail gefeilt und im Gegensatz zu den Automobilfirmen, die uns unnütze Spielereien wie in Wagenfarbe lackierte Stoßstangen beschert hat, kann man bei der Evolution sicher sein: Was überlebt hat und bis zu uns überkommen ist, war dem Vorgängermodell gegenüber jeweils eine echte Verbesserung. Es hat dem, der damit herumrannte, etwas gebracht und es hat den härtesten aller Tests durchgehalten: Überleben und sich weitervererben.

Aus diesen Anforderungen hat sich das »Anforderungsprofil« für die Außenausstattung des Modell Equus entwickelt. Dabei mussten für das Überleben gleich zwei Parameter angelegt werden: Auf der einen Seite musste Equus fähig sein, in der ihm gemäßen Umgebung möglichst rationell sein Futter zu suchen, aufzunehmen und zu verdauen, auf der anderen Seite mussten die Survival-Kandidaten dafür sorgen, ihren stets hungrigen Fressfeinden zu entkommen.

Futtersuche und möglichst effiziente Verwertung: Eigentlich zwei Dinge, die sich widersprechen. Für die Futtersuche ist es nämlich gut, groß zu sein, so dass man den Überblick hat und relativ große Distanzen in kurzer Zeit zurücklegen zu können. Doch je größer ein Körper ist, desto mehr »Kraftstoff« braucht er zu seiner Erhaltung und Bewegung.

Also kann zu groß kontraproduktiv sein – es sei denn, man ist ein Elefant und hat sich auf Blätter spezialisiert. Equus war aber einen anderen Weg gegangen, daher war die Größe eine Frage der Balance zwischen »so viel ist nötig« und »so viel ist möglich«.

Die Kompaktklasse

Wundert es Sie, dass dabei eine Kompaktklasse herausgekommen ist? Größer als die meisten Antilopen, kleiner als Giraffen und Elefanten, haben sich die Equiden im mittleren Bereich etabliert – da, wo ihnen die Große den Vorteil der Übersicht gab, aber noch durch einigermaßen vertretbaren Aufwand ernährt werden konnte.

Für den Überblick brauchte es dann auch noch den relativ langen Hals, die seitlich am Kopf angebrachten Augen, die Rundumblick gewährleisten und die Ohren, die sich wie Radarstationen drehen und die Umgebung abhören können. Dabei ist die Ohrengröße fast schon »Sonderausstattung« – sie wird nämlich den einzelnen Modellen je nach Umgebung zugeteilt: Zebras und die Esel der südlichen Hemisphäre, die nicht befürchten müssen, dass ihnen in eisigen Wintern die Ohrspitzen abfrieren, leisten sich relativ große, lange Ohren, während die nördlichen Pferde wie zum Beispiel die Isländer relativ kleine Ohren haben.

Alles Tarnung – das Mehlmaul eines Przewalski.

Ohren und Augen waren aber nicht das einzige, was die Kopfform bestimmt. Im Kopf muss nämlich außer dem Gehirn auch noch das Gebiss untergebracht werden – und davon haben Equiden einiges zu bieten. Sie müssen auch harte Gräser rupfen und zermahlen können, also braucht es kräftige Zähne, die genügend Mahlfläche bieten. Darüber sollte eine Nase sitzen, die nicht nur Futter und Fressfeinde, sondern auch das überlebensnotwendige Wasser wittern kann – ergo empfiehlt sich auch hier genügend Fläche, um das Organ mit genug sensibler, von Nervenzellen durchsetzter Schleimhaut ausstatten zu können.

Sonderausstattung Farbe

Wenn ich an »Pferdefarben« denke, fällt mir immer ein Herbsttag im Roggental auf der Schwäbischen Alb ein. Ich saß mit einem Freund am Ufer eines Baches und schaute hinüber auf eine Koppel, auf der Ponys weideten. Die Sonne schien durch die Bäume, sie ließ den Herbstwald in Gold und Brauntönen leuchten – und in vollendeter Harmonie boten die Ponys die Abrundung dieser Naturfarbensinfonie: Kognak- und rotbraun, dunkelschimmerndes, von Licht durchpulstes Kupfer, silbrige Falbtöne, geheimnisvolles Schwarz.

Ich überlegte mir an diesem Herbsttag, ob vielleicht schon einer meiner Vorfahren – ein Urururururururgroßvater vielleicht – so am Bach gesessen war und auf Pferde geschaut hatte. Das Farbspektrum, das er dabei zu sehen bekommen hat, reichte vermutlich nicht so weit wie jenes, das mir offeriert wurde. Urpferde in der Herde wirken nämlich fast »uniformiert« – als ob der Spieß die Anweisung »Bekleidung: Tarnanzug« ausgegeben hätte. Weil aber Urpferde eher auf der Steppe als im Wald unterwegs sind, tragen sie kein Nato-Oliv, sondern Gelb-, Gold- und Brauntöne – im Sommer oft als helle Falbfarbe, im Winter dann ins Braun hineingehend.

Schaut her, ich bin's

Und wenn wir nun schon über die Optik des Urpferdes reden, sollten wir uns eines anschauen. Die Przewalskis zeigen nämlich alles, was das Urpferd ausmacht.

Das beginnt bei Größe und Gewicht: Würde man einen Przewalski unter dem Sattel auf einem deutschen Turnier vorstellen, müsste man ihn in der Ponyklasse anmelden – die mongolischen Urpferde haben nämlich üblicherweise nur zwischen 125 bis 140 Zentimeter Schulterhöhe zu bieten. Gut gefüttert, das heißt, im Zoo, wiegen sie zwischen 240 und 300 Kilogramm, in der Natur kann es durchaus weniger sein.

Auch die Farbe steht für das Urpferd: Die meisten Przewalskis sind Falben, wobei das Spektrum bei ihnen von Graufalben über helles Ocker und rötliches Gelbbraun bis zum Erdbraun reicht. *Theodor Noack*, einer der ersten

Zoologen, die Przewalskis beschrieben haben, meinte, die Färbung variiere je nach Standort: Die Pferde aus der Steppe seien gelblichgrau, im Bergland würden sich die Tiere eher rötlich färben und im Hochgebirge seien sie dunkel, oft sogar rotbraun. Doch diese Vermutungen sind nicht bestätigt worden. In der Natur sind Przewalskis inzwischen ausgerottet, doch bei den im Zoo geborenen zeigt sich die ganze Farbvarianz, die *Noack* beschrieben hat – und sie tritt offenkundig unabhängig vom Habitat auf.

Allerdings gibt es bei Przewalskis oft deutliche Unterschiede zwischen dem Sommer- und Winterfell. Im Sommermäntelchen zeigen sich die mongolischen Wildlinge oft recht schick – in hellen Tönen, das Fell fein und glänzend. Im Winterfell werden Przewalskis zu Wuscheltieren. Sie entwickeln dichte, lange Unterwolle, am Bauch und am Kinn oft sogar mit handlangen Haaren – ideal, um zum Beispiel Schmelzwasser, das auf dem Oberhaar entsteht, abzuleiten.

Schwarz und weiß

Die Falbfarbe ist Tarnung – aber die Przewalskis begnügen sich noch nicht damit. Um Fressfeinden die Entdeckung potenzieller Beute auf der Steppe vollends schwer zu machen, wurden noch schwarz und weiß dazugemischt. Schwarz sind bei den Przewalskis meist Beine, die Spitzen der Ohren und die Langhaare. Im Kontrast zum Gelb des Falbfells sorgt das vor allem auf Distanz dafür, dass sich die Form optisch auflöst. Oft genug verläuft auch über den Rücken des Pferdes – vom Ende der Mähne bis zum Beginn der Schweifrübe – ein schwarzer Streifen, der sogenannte »Aalstrich«. Vermutlich dient auch er der »Tar-

Im Tarnanzug – ein Przewalski in typischer Falbfarbe.

nung«, weil er die große Fläche »Rücken« unterbricht und damit schwerer sichtbar macht.
Um den Tarneffekt zu verstärken, werden die Konturen des Pferdes dann noch mit Weiß »verwischt« – so zum Beispiel am Maul, das aussieht, als ob der Przewalski in einer Mehltüte gestöbert hätte. Im Sommerfell ist dann manchmal auch die Linie Bauch-Oberschenkel-Niere weiß abgesetzt. Außerdem tragen die Przewalskis – wie übrigens auch viele andere Wildtiere, zum Beispiel unser heimisches Rotwild – einen »Spiegel«, das heißt, die innere Rückseite ihrer Oberschenkel und der Allerwerteste zeigen einen Farbverlauf von gelblichbraun bis fast zu Reinweiß. Im Winterfell ist der »Spiegel« besonders ausgeprägt – und dann wirkt er auch am besten, denn vor dem Hintergrund einer verschneiten Landschaft tarnt diese Fellzeichnung ein Tier optimal.

Stehmähne und überdachter Schweif

Nicht zur Tarnung, sondern zum Schutz vor Wind, Wetter und Fliegen dienen die Langhaare des Pferdes. Beim Przewalski ist zumindest der mittlere Teil der Mähnenhaare sowie des Schweifes meist schwarz und sehr dick. Im Gegensatz zu unseren Hauspferden, bei denen Mähne und Schweif beim Fellwechsel nicht ausfallen, erneuern die Przewalskis im Herbst und Winter auch das komplette Langhaar. Dadurch ergibt es sich, dass die Mähne selten länger als 20 Zentimeter wird – und weil die Haare wirklich sehr dick sind, stehen sie in diesem Bereich noch senkrecht nach oben.
Ebenfalls im Kontrast zum Hauspferd: Przewalski-Pferde entwickeln keinen Schopf – wahrscheinlich, weil sie ihn in ihrer Heimat, der Mongolei, nicht brauchen. Sie werden dort weniger von Moskitos geplagt als die Pferde der südlichen Regionen, bei denen der Schopf meist weit über die Augen hängt.
Was den Przewalskis auf der Stirn an Haaren fehlt, haben sie dafür an der Kehrseite zu bieten. Vor allem im Winter wächst das Schweifhaar im Bereich der Schweifrübe besonders dicht und buschig, so dass es wie ein Dach über den Geschlechtsteilen liegt und sie vor Wind und Regen schützt.

Innenansichten eines Wildlings

Als Mädchen las ich begeistert Pferdebücher, in denen wilde, meist schwarze Hengste mit wehender Mähne von bösen Menschen eingefangen wurden, in der Gefangenschaft dann einige Zäune und Boxen zerlegten, um schließlich – meist auf sehr verschlungenen, abenteuerlichen Wegen – in die Hände irgendwelcher jugendlicher Gutmenschen zu kommen. Denen gelang es dann in wundersam kurzer Zeit, den Wildling zu zähmen, Freundschaft mit ihm zu schließen und auf seinem Rücken die reiterliche Offenbarung zu erleben – sehr oft in Form eines Renn- oder Turniergewinns am Ende des Buches.

Wie weit solche Geschichten von der Realität entfernt sind, lernte ich dann im Umgang mit – nein, nicht Wildpferden, denn die kommen auf der Schwäbischen Alb, wo ich reiten gelernt habe, weniger vor. Es waren baden-württembergische Warmblutfohlen, die mir einen Eindruck davon gaben, dass die »Zähmung« von Wildlingen ein schwierigeres Unterfangen sein könnte als es in den Pferderomanen meiner Kindheit dargestellt wurde.

So sehr die Fohlen meines Heimatgestütes nämlich an Menschen gewöhnt waren – ein Stück »Wildpferd« steckt in jedem von ihnen und dieses Stück Wildpferd führt bei psychisch gesunden Fohlen, die in einer Herde aufwachsen, meist dazu, dass sie sich sehr wenig für Menschen interessieren. Sie kommen, wenn man am Zaun steht – ihre natürliche Neugierde treibt sie. Sie nehmen vielleicht auch ein Leckerli. Aber damit hat es sich. Sie sind nicht interessiert daran, mit Menschen »Freundschaft« zu schließen, im Gegenteil: Wenn es nach ihnen ginge, würden sie sich wahrscheinlich ein Leben lang im Kreis ihrer Pferdefreunde wohl fühlen und wir könnten uns darauf beschränken, ihnen ab und zu ein Goodie anzuliefern. Pferde – und das müssen wir uns speziell beim Thema »Wildpferde« immer wieder bewusst machen – brauchen uns nämlich nicht.

Vom Menschen unabhängig – auch Hannoveraner-Fohlen fühlen sich in Pferdegesellschaft am wohlsten.

Wer braucht schon Menschen?

Was für Warmblutfohlen zutrifft, gilt noch viel mehr für tatsächliche Wildpferde. Schon 1896 schrieben die russischen Gebrüder *Grum-Grshimailo*: »Die Mongolen haben zahlreiche Versuche gemacht, wilde Pferde zu zähmen, doch stets vergeblich; das wilde Pferd unterwirft sich dem Einfluss der Menschen nicht, fürchtet sich vor dem letzteren und lässt sich nicht nutzbar machen.«

Ganz so extrem ist es nicht: Wenn man Przewalski-Pferde früh genug an Menschen gewöhnt, werden sie zahm. Die Mongolen haben das mit unzähligen, aus der Herde heraus-

gefangenen Fohlen, die später als Reitpferde genutzt wurden, bewiesen. Und es gab auch immer wieder erwachsene Przewalski-Pferde, die gefangen und – mit mehr oder minder brutalen Mitteln – »gezähmt« wurden.

Auf jeden Fall aber sind die Wildlinge schwerer zu »handeln« als brave Hauspferde. Das ist kein Wunder, denn in unserer Hauspferdezucht wird ja schon seit Jahrhunderten auf »Charakter« selektiert. Zu Bismarcks Zeiten hielt man es gar für nötig, ein Körgesetz einzuführen, dass nur Hengste zur Zucht zuließ, die vor einem Komitee bewiesen hatten, dass sie dem Menschen zugewandt und freundlich sind. Das Körgesetz hat bis in unsere Zeit hinein bestanden – es ist erst durch eine EG-Verordnung aufgehoben worden. Doch das Selektionsmerkmal »brav« hat sich in der Pferdezucht gehalten und ist inzwischen konsolidiert.

Bei den wild lebenden Pferden hat dagegen eine fast gegenteilige Selektion stattgefunden. Wer frei lebt – egal, ob in der Mongolei, in Amerika, in Portugal oder Island – braucht ein gewisses »Aggressionspotenzial«. Auch da, wo keine tatsächlichen Fressfeinde unterwegs sind, muss eine Herde sich einmal gegen einen angreifenden Hund oder gegen Nahrungskonkurrenten verteidigen können.

Wachsam und aggressiv – wilder Hengst.

Eigenwillige Herren

Für die Wildheit der freien Pferde spricht auch, was Zoodirektor und Przewalski-Spezialist *Jirí Volf* von seinen Erfahrungen mit den Przewalskis im Prager Zoo berichtet: »Eines der ungebärdigsten Wildpferde, die ich kennen lernte, war der alte 'Uran' in Prag. Er ging sofort zum Angriff über, wenn sich eine Person nahe an das Gehegegitter stellte. Dabei kannte er das Gitter genau und wusste offenbar, dass es ihn vor dem Erreger seines Zorns trennte. So kam er auch nicht in Drohstellung heran, sondern stellte sich unmittelbar vor das Gitter, trommelte mit den Hufen darauf und versuchte es zu überspringen, oder er drehte auf der Hinterhand und 'schmiss' gegen das Gitter.[1]«

Urans Sohn 'Oskar', ebenfalls in Prag zuhause, war im Zoo geboren und mehr an Menschen gewöhnt. Er attackierte sie nicht, aber das hinderte ihn nicht daran, in seiner Herde Ordnung zu halten und Stuten anzugiften, die zu nahe an den Zaun gekommen waren. Und im Münchner Tiergarten Hellabrunn zeigte der Przewalski-Hengst 'Simon', dass sich ein echter Wildling nicht zu sehr mit Zweibeinern einlässt. Jirí Volf weiß: »Der Hengst 'Simon' ... war außerordentlich ruhig, aber schwer manipulierbar. Auch fremde Menschen konnten mit ihm ohne Probleme in unmittelbaren Kontakt treten, aber er ließ sich durch niemanden lenken. Wenn er in eine gewisse Richtung laufen wollte und der Tierpfleger im Weg stand, schob ihn der Hengst mit einer leichten Kopfbewegung weg und folgte seinem Ziel.[2]«

Ein Wildling muss sich durchsetzen können

Dazu kommt, dass der Vermehrungserfolg eines wild lebenden Pferdes mit von seinem Vermögen, sich innerhalb der Herde durchzusetzen, abhängig ist. Bei Hengsten ist es klar: Da kommt nur zum Zug, wer gegen so und so viele Konkurrenten bestehen und damit die Damen davon überzeugen konnte, dass er Manns genug ist, sie und ihren Nachwuchs zu beschützen.

Aber auch bei den Stuten ist ein sanftes Gemüt nicht unbedingt Garant für Erfolg als Mutter. Eher im Gegenteil: Verhaltensforscher können bei vielen in Herden lebenden Tieren beweisen, dass die ranghohen Muttertiere die meisten Jungtiere aufziehen. Das wird bei Pferden nicht anders sein und so kann man davon ausgehen, dass wild lebende Pferde tatsächlich »wilder« sind als ihre in menschlicher Obhut aufgewachsenen Artgenossen.

---

1 Jirí Volf: »Das Urwildpferd – Equus Przewalskii«, 4. überarbeitete Auflage, Die Neue Brehm-Bücherei Bd. 249, Westarp Wissenschaften, Magdeburg, 1996, S. 79

2 Jirí Volf, »Das Urwildpferd«, S. 79

Der Weg zurück: Die Przewalskis

Es hat etwas von »Wiedergutmachung«: Unsere Vorfahren, die Europäer der letzten zwei Jahrhunderte, waren es, die weltweit eine Vielzahl von Tieren ausgerottet haben. Dass es nun an uns ist, der Natur – so weit das noch möglich ist – zurückzugeben, was ihr genommen wurde, dass wir versuchen, für die, die nach uns kommen, wieder aufzubauen statt immer nur auf Kosten unserer Umwelt zu leben – ich mag den Gedanken. Und darum mag ich auch das auf den ersten Blick so seltsam erscheinende Kürzel »FPPPH«. Dahinter steckt nämlich die Foundation for the Preservation and Protection of the Przewalski Horses (Gesellschaft für die Erhaltung und den Schutz des Przewalski Pferdes). Ihr Name ist die Botschaft: Die FPPPH will die fast ausgestorbenen, letzten Wildpferde bewahren – und nicht nur im Zoo. Die Vereinigung hat sich zum Ziel gesetzt, die Wildpferde in ihrer alten Heimat, der Mongolei, wieder heimisch zu machen.
Doch bis es so weit kam, hatten die Przewalskis einen langen Weg zurückzulegen.

Vor dem Aussterben gerettet – die Przewalskis.

Jahrtausende ohne uns

Anscheinend fällt es selbst den klügeren Exemplaren der Spezies Mensch schwer, über den eigenen Gartenzaun zu schauen und sich vorzustellen, dass es außerhalb des eigenen, bekannten Gesichtskreises noch etwas gibt. So ging jedenfalls der schwedische Wissenschaftler *Carl von Linné* (1707–1778), der der Biologie mit seinem »System naturae« die heute noch gültige Nomenklatur geliefert hat, davon aus, dass es keine Wildpferde mehr gäbe – und so hat er innerhalb seines Systems nur die Bezeichnung »Equus caballus« (lateinisch: Equus = Pferd, caballus = domestiziertes Pferd wie zum Beispiel Ackerpferd, Reitpferd«) vorgesehen.

Um so weniger waren dann die Fachleute darauf vorbereitet, doch noch Wildpferde aufzutreiben. Als der polnische Oberst *Nikolai Przewalski* (1839–1888), vom Zar auf eine Forschungsreise in den riesigen, noch weitgehend unbekannten asiatischen Teil seines Reiches geschickt, in der Wüste Gobi eine Pferdeherde sah, hielt er die Tiere für Abkommen irgendwelcher verwilderter Mongolenpferde. Dennoch wollte er eines davon für seine Sammlung haben. Doch ein Abschuss gelang nicht, Przewalski aber tauschte schließlich den Schädel und die Haut eines solchen Pferdes von einem Mongolen ein. Diese Artefakte brachte er 1878 mit zurück nach Petersburg und übergab sie dort dem Zoologischen Museum.

»Ein außerordentlich interessantes Tier«

Drei Jahre später waren die Untersuchungen an diesem Schädel und der Haut abgeschlossen. *Iwan Semjonowitsch Poljakow,* wissenschaftlicher Mitarbeiter des Museums, hatte dann eine kleine Sensation zu verkünden: Er war sicher, dass es sich bei Przewalskis Fund um »ein außerordentlich interessantes Tier handelt, welches offensichtlich der Wissenschaft bis dahin nicht bekannt war: eine neue Art der Gattung Equus[3]«. Zu Ehren ihres Entdeckers wurde sie, wie im System Linné üblich, nach ihm getauft: Equus przewalskii (die wissenschaftliche Bezeichnung mit zwei »i« am Schluss).

Doch damit, dass Poljakow die Nachricht von der Entdeckung eines echten Wildpferdes verbreitete, war es noch nicht getan. Es schloss sich eine große Debatte an – teilweise wurde bestritten, dass es sich bei Equus przewalskii um eine eigenständige Art handelt, teilweise wurde – und wie man heute meint, durchaus richtig – darauf verwiesen, dass Wildpferde aus der Mongolei schon früher beschrieben worden waren, teilweise glaubte man der Nachricht mit dem Hinweis widersprechen zu müssen, dass es sich bei dem von Przewalski erhandelten Exemplar um ein verwildertes Pferd handle. Erst nachdem Nachfolger von Przewalski – unter anderem auch der deutsche Tierhändler *Carl Hagenbeck* – weitere Przewalskis nach Europa brachten, begann die Fachwelt zu glauben, dass in der Mongolei wirklich noch Wildpferde leben.

Sie waren damals aber schon vom Aussterben bedroht – und das nicht zuletzt aufgrund ihrer Entdeckung. Offenkundig waren sie schon zu den Zeiten, als Przewalskis sie am Wasserloch in der Wüste sah, sehr selten geworden. Als nun auch noch so und so viele Tierfänger sich aufmachten, die »außerordentlich interessanten Tiere« als Kuriositäten einzusammeln, als zum Beispiel der russische Aristokrat *Friedrich von Falz-Fein,* der in Askania Nova einen eigenen Tierpark unterhielt, die ungeheure Summe von 10.000 Rubel (als Hausnummer: 500 Pfund Tee kosteten damals in der Mongolei gerade einmal einen Rubel) für ein lebendes Przewalski-Pferd aussetzte, wurde es vollends eng für die letzten Wildpferde. Die erwachsenen Exemplare ließen sich nämlich meist nicht lebendig einfangen. Und so waren die ersten Przewalskis, die in Gefangenschaft gerieten, Fohlen, deren Mütter man erschossen hatte, um an die Babys zu kommen. Und da die Mongolen sich weigerten, ihre Stuten als Nährmütter für die vierbeinigen Waisen zur Verfügung zu stellen und erst Stuten aus anderen Teilen Russlands herbeigeschafft werden mussten, kann man sich vorstellen, wie viele Przewalskis beim Einfangen starben.

Erwartungsvoll – Przewalski-Stute mit Fohlen.

[3] zitiert nach Jirí Volf, »Das Urwildpferd«, S. 10

Elf für Hagenbeck

1901 kamen dann zum erstenmal Przewalski-Pferde nach Nordeuropa: 11 von 14 Fohlen, die bei einer Expedition eingefangen worden waren, gingen zu Hagenbeck nach Hamburg, drei weitere zu Baron Falz-Fein nach Askania Nova. Zwei Jahre später bekam Hagenbeck noch einmal zwei Stutfohlen, doch dann ließ das Interesse an den Urpferden aus der Mongolei – vielleicht zum Glück für die – schon wieder nach: Die europäischen Tiergärten waren nicht sonderlich an ihnen interessiert, da die Wildlinge sich – für Laienaugen – zu wenig von Hauspferden unterscheiden und damit nicht spektakulär genug waren.
So wurden die Wildfänge eingestellt. 53 Przewalskis waren in Zoos, doch leider haben sich nur 13 davon vermehrt. 1947 wurden wieder einmal einige Przewalskis gefangen und in Tiergärten aufgestellt. Zu dieser Zeit gab es schon nur noch sehr wenige Przewalskis in Freiheit – und in den folgenden Jahren muss die Zahl noch mehr abgenommen haben, denn selbst extra ausgesandte Expeditionen sahen oft keine Przewalskis mehr – oder nur sehr wenige: 1967 wurde eine fünfköpfige Gruppe gesehen, 1968 dann noch einmal eine Kleinfamilie: Stute, Fohlen, der dazu gehörige Hengst, in einiger Entfernung dazu zwei Jungpferde. Das waren vermutlich die letzten freien Przewalski, von da an wurden jedenfalls keine mehr beobachtet.
In den 70er-Jahren waren die Przewalskis vom Aussterben bedroht. In der freien Natur gab es offenkundig keine vermehrungsfähige Herde mehr und in den Zoos waren nach den Wirren des Zweiten Weltkrieges nur noch drei Hengste und neun Stuten übrig geblieben, gezüchtet wurde nur noch im Münchner Tierpark Hellabrunn und im Prager Zoo. Immerhin wurde dann aber 1959 in Prag bei einem Symposium die Einrichtung eines Zuchtbuches für Przewalskis und damit verbunden eines Arterhaltungsprogrammes beschlossen.
Die Erfolge können sich sehen lassen: 1977, als die FPPPH sich zusammenschloss, waren es schon wieder um die 300 Tiere, die in verschiedenen Zoos lebten und mit denen im regen Austausch und teilweise später (1983 in London) sogar Embryotransfer gezüchtet wurde. 1980 war die Zahl dann schon wieder auf 416 Przewalskis angewachsen, 1990 hatte sie sich mehr als verdoppelt und 1994 schließlich meldete Jirí Volf als Chef des Zuchtbuches 1400 Przewalskis4 in Gefangenschaft.

Zurück in die Zukunft

Die Przewalskis als Art können als gerettet gelten – 1400 Pferde, davon ungefähr die Hälfte fortpflanzungsfähig, sind eine gute Basis, die hoffen lässt, dass auch noch unsere Kinder und Enkel Przewalski-Pferde erleben können. Allerdings: Ob es noch einmal sehr viel mehr als die rund 1500 Przewalskis geben wird, die jetzt unterwegs sind?
Ein Teil von ihnen – im Moment ungefähr 100, vielleicht auch 150 – sind daheim«, zurück in der Mongolei, in den Spuren ihrer Vorfahren unterwegs. Dafür steht das Auswilderungsprogramm, dass die FPPPH angestossen hat und das inzwischen erste Erfolge zeitigt.
Doch bevor wir ausführlicher darüber reden, möchte ich Sie zu einem kleinen Exkurs verleiten – über ein Thema, das für uns das ganze Buch hindurch wichtig sein wird:

Freiheit, die ich meine

Für die meisten für uns ist der Gedanke an Gefangenschaft, an ein Leben, in dem man nicht mehr selbst über sein Woher und Wohin entscheiden kann, ein Albtraum. Oder, um noch genauer zu sein: Die Vorstellung, eingesperrt zu sein, scheint für den größten Teil der Menschheit so schrecklich zu sein, dass die meisten zivilisierten Staaten und ihre Rechtssysteme meinen, damit als der schlimmsten, denkbaren Strafe drohen zu können. Aus dem heraus wird verständlich, das viele von uns gegenüber Tieren im Zoo ein profundes Unbehagen empfinden, dass wir vor den Gittern, die Zoobewohner gefangen halten, stehen und mit den Insassen der diversen, mehr oder minder großen Käfige leiden. Wir stellen uns automatisch vor, wie wir es finden würden, eingesperrt zu sein und wir gehen davon aus, dass wir in einer solchen Situation nur an eines denken würden: Unsere Freiheit wieder zu gewinnen.

[4] Jirí Volf, »Das Urwildpferd«, S. 130

So nobel empathisches Mitleiden in unserer ethischen Vorstellung ist – wir sollten uns nicht damit begnügen. Wir sollten statt dessen einmal darüber nachdenken, ob Freiheit für Tiere wohl wirklich denselben Stellenwert hat wie für uns. Die, die wir mit Tieren umgehen, sollten nämlich wissen, dass die manches ganz anders sehen und empfinden als wir. Beispiele dafür gefällig? Mir fällt da spontan der Kater ein, den ich als Waisenkind mit der Flasche aufgezogen habe und der mir näher war als jedes Tier, mit dem ich sonst je zu tun gehabt habe. Doch das änderte nichts daran, dass er – ganz im Gegensatz zu mir – Autofahren hasste. Ob im Katzenkorb, hinter dem Netz im sorgfältig ausgepolsterten Gepäckabteil des Kombis

Eine andere Welt – der Przewalski-Hengst empfindet »Freiheit« wohl anders als wir.

oder gar auf meinem Schoss: Kaum rollten die Räder, begann Bel Ami zu hecheln und kläglich zu miauen. Die einzige Möglichkeit, ihn zu trösten, bestand darin, ihn unter meine Jacke zu stecken, wo er sich dann mit allen vier Pfoten an mich krallte. Ich konnte – aufgrund der Tatsache, dass ich ein wenig über Katzen, über die Art, wie sie sehen, wie sie die Umwelt erfahren weiß – verstehen, dass er sich unwohl fühlte. Aber nachvollziehen konnte ich seine Gefühle nicht, denn ich fahre ja gerne Auto.
Dafür aber hatte ich nie das Bedürfnis, in einer Badewanne zu sitzen und in den Abguss zu lauern. Ich vermute, mich hätte das schon nach drei Minuten gelangweilt. Bel Ami dagegen hielt es stundenlang aus und schien manchmal richtig beleidigt zu sein, wenn ich die Wanne für mich beanspruchte. Baden mochte er nämlich nicht – ich dafür um so mehr.

Wie man einen Schimpansen einfängt

Ich könnte Ihnen noch mehr solche Geschichten erzählen, aber ich focussiere auf eine, die mir im Zusammenhang mit Freiheit sehr wichtig erscheint. Sie wurde vom ehemaligen Zoodirektor Heini Hediger überliefert, der in seinem Tierpark öfter einmal das Problem hatte, dass ein Schimpanse ausbüxte.
Nun könnte man vielleicht aus der Tatsache, dass die cleveren Menschenaffen in fast allen Tierparks gerne mal ihre Wärter austricksen und aus dem Käfig ausbrechen, schließen, dass sie sich nach der »großen Freiheit« sehnen. Dem widerspricht dann aber wieder, wie Hediger und die Seinen ihre Vettern im Fell wieder einfingen. Anstatt nämlich mit Netz und Lockfutter durch den Zoo zu rennen, öffneten sie die Käfigtüren zum Heim des Entkommenen weit, marschierten dann ins Terrarium und besorgten sich dort eine handliche Schlange. Mit der ging es dann auf die Suche nach dem Ausbrecher. Wurde er gestellt, so zeigte man ihm die Schlange.

Przewalskis im Zoo – sicher vor Hunger und Fressfeinden.

Information – wir schätzen, was wir kennen.

Mehr braucht es in den meisten Fällen nicht. Schimpansen haben mindestens genauso viel Angst vor Schlangen wie die meisten Menschen. Eine Schlange zu sehen, löst bei ihnen das Bedürfnis aus, ganz schnell an einen sicheren Ort zu flüchten. Für Hedigers Schimpansen war der sicherste Ort, den sie kannten, ihr Käfig – und so nahmen sie meist beim Anblick der Schlange die Beine unter den Arm und spurteten zurück in ihr Gehege. Einige von ihnen zogen dort dann sogar die Tür wieder hinter sich zu.

Domestikationsschaden?

Sie meinen, die Geschichte beweise noch nicht, dass alle Schimpansen lieber im Käfig leben als außerhalb? Sie meinen, es könnte eine Macke sein, die Affen in der Zoohaltung erwerben?

Tatsächlich würde ich nicht zu bestreiten wagen, dass Domestizierung – und Zoohaltung gehört ohne Zweifel dazu – Auswirkung auf die Psyche von Tieren hat. Sie verändern ihr Verhalten in menschlicher Obhut. Die Frage ist nur: Wie weit und in welchem Tempo? Schimpansen sind als Tiere in menschlicher Obhut relativ »jung«, die meisten, die heute in irgendwelchen Zoos leben, sind zwar schon dort geboren, aber ihre Großeltern oder Urgroßeltern waren Wildtiere. Drei oder vier Generationen führen aber bestimmt nicht dazu, dass die Urinstinkte verloren gehen – wie jeder Reiter weiß, der ja in seiner Reiterei auf einem seit Jahrtausenden domestizierten Tier immer wieder Instinkte wie zum Beispiel den Bewegungs- und Fluchttrieb für sich einsetzt.

Und damit wären wir an einem Punkt: Ich glaube nicht, dass Tiere einen so ausgeprägten Freiheitsdrang haben wie wir Menschen. Wenn dem so wäre, dann hätten unsere Vorfahren es nicht geschafft, Hunde so weit zu zähmen, dass sie heute als »treuester Freund des Menschen« bezeichnet würden; wenn dem so wäre, würden wir Pferde nicht auf der Koppel, sondern immer noch aus der Ferne auf der Prärie bewundern und wir müssten in der Schule nichts über Hannibal und seine Elefanten lernen, weil es den Karthagern schlichtweg nicht gelungen wäre, irgendwelche Elefanten einzufangen und zur Kooperation zu überreden.

Aber was würde ein Mustang dazu sagen?

Müsste ich Widerspruch befürchten, wenn man einen Mustang zu dem Thema befragen könnte? Seine Vorfahren könnten als Beweis dienen, dass zumindest Pferde die Freiheit gegenüber dem Leben in menschlicher Obhut bevorzugen. Sie sind »abgehauen«, sie haben sich selbständig gemacht.

Die Frage ist aber: Was war ihre Alternative? Wie groß war der Schritt für sie? Und da sind wir dann an den Haltungsbedingungen der Pferde, die sich dereinst im amerikanischen Westen verselbstständigt haben. Sie waren – im Gegensatz zu unseren Edelpferden, für die wir vom ersten

Lebensmoment an zärtlich sorgen – viel mehr Geschöpfe der Wildnis. Sie lebten frei in der Herde, bis sie eingefangen und »eingebrochen« wurden. Und ob man sie dann, im »Dienst des Menschen« immer gut behandelt hat? Die meisten von ihnen wurden nicht gefüttert, sondern mussten sich nach des Tages Arbeit ihr Futter selbst suchen, viele von ihnen haben nie wirklich eine Beziehung zu den Menschen aufgebaut.

Aber vermutlich war es selbst bei ihnen so, dass sie nicht eines Tages entschieden haben »Jetzt habe ich die Nase voll – jetzt haue ich ab!« Es ist wahrscheinlich, dass sie einfach »verloren« gingen – sich bei der Futtersuche zu weit entfernt hatten, durch etwas erschreckt wurden und auf der Flucht den Kontakt zu ihren Menschen verloren oder – so sie Stuten waren – durch einen netten Hengst überredet wurden, ihm in die Freiheit zu folgen.

Daher kann ich sie kaum als Gegenbeweis dafür sehen, dass Pferde keinen so ausgeprägten Freiheitsdrang wie wir Menschen haben. Dass wir meinen, beim Anblick »gefangener« Tiere mitleiden zu müssen, geht auf das zurück, was Fachleute »Anthropomorphismus« nennen – Vermenschlichung. Dahinter steckt wohl das menschliche Bedürfnis, zu »begreifen« – was uns meist nur gelingt, wenn wir etwas in unsere Erfahrungswelt und in unsere Werte einsortieren. Aber bei Tieren funktioniert das fast nie. Weil es uns im Winter friert, bedeutet das noch lange nicht, dass es dem Pferd auf der verschneiten Koppel auch kalt ist, weil wir ungern hinter Gittern leben, heißt das noch lange nicht, dass die Przewalskis im Zoo auch darunter leiden. Wir dürfen nicht übertragen, wenn wir Tiere verstehen wollen. Wir können ihnen nur gerecht werden, wenn wir wenigstens versuchen, ihren Standpunkt einzu-

Fremdling – wirklich verstehen können wir Pferde wohl nie.

nehmen. Und von dem aus ist »Gefangenschaft« vielleicht gar kein so negativ besetzter Begriff und »Freiheit« nicht das höchste Ideal.

Was »Freiheit« für Tiere bedeutet

Der Marlboro-Mann kann sich vielleicht einbilden, über die »grenzenlose Freiheit« zu verfügen, doch selbst er kann sich einer gewissen Fremdbestimmung nicht entziehen: Nicht nur, dass er rechtzeitig am vorgesehenen Ort zu den Dreharbeiten aufscheinen muss (sonst hat er bald nichts mehr, was er am Feuer rauchen kann) – nein, vermutlich kann er auch beim Abmarsch von dort nicht einfach dahinziehen wo er will. Grenzen und Zäune stehen ihm im Weg wie auch uns.

Tieren geht es nicht anders. Ein Zebra kann nicht einfach der Nase nach losmarschieren, denn es lebt innerhalb seiner Herde, ohne die es verloren wäre. Und diese Herde lebt innerhalb eines bestimmten Reviers, dessen Größe vom Futterangebot und dem Zebrabestand in der entsprechenden Gegend bestimmt wird. Wenn es die Grenzen des Reviers überschreitet, muss es damit rechnen, von anderen Zebras angegriffen und vertrieben zu werden.

Damit nicht genug: Das Zebra kann nicht kurzerhand den Pizza Service anrufen, wenn es Hunger oder Durst hat. Seine Freiheit in der Gestaltung seines Lebens und der Wege, die es geht, sind beschränkt, weil es ungefähr die

Als Urpferd geboren – und dennoch wird das Przewalski-Fohlen Leben in Freiheit lernen müssen.

Hälfte seiner wachen Zeit mit Futtersuche zubringt und mindestens alle zwei Tage ans Wasserloch muss. »Urlaub« – für uns ein wichtiger Teil unserer Freiheit – ist daher für das Zebra nicht drin, denn es kann sich nicht in unbekanntes Gelände absetzen, ohne dabei sein Leben zu riskieren.
Das sind aber nicht die einzigen Einschränkungen ihrer Freiheit, denen Zebras unterliegen. Eine weitere – und wahrscheinlich viel drückendere – erfahren sie durch ihre Fressfeinde. Ein Zebra, das nicht dauernd auf sich aufpasst, nicht dauernd mit seiner Herde in engem Kontakt bleibt, muss befürchten, von der nächsten Löwin als Mittagessen für die ganze Löwenfamilie ausgeguckt zu werden. Und diese Gefahr lauert 24 Stunden am Tag.
Ich könnte das noch weiter ausführen, doch ich denke, wir sind klar: Freiheit ist für Tiere sehr oft das Gegenteil von »Geborgenheit«. Freiheit kann stressen, sie birgt eine Menge Gefahren in sich – und darum muss man zumindest in Frage stellen, ob Tiere Freiheit ebenso wollen wie wir.
Eines aber müssen wir nicht in Frage stellen: Dass es unsere Aufgabe ist, die Natur möglichst natürlich zu erhalten. Das kann auch bedeuten, dass wir zurückgeben, was ihr genommen wurde – und das ist, ganz unabhängig von allen Diskussionen um »Freiheit für Tiere«, ein sehr guter Grund, in der Mongolei wieder Przewalski-Pferde anzusiedeln.

Hustain Nuruu – die neue Heimat

Doch bis die ersten Przewalskis wieder auf die Steppe kamen, dauerte es Jahre – und das lag nicht nur an den schwierigen, politischen Verhältnissen in ihrem Heimatland.
Auf die FPPPH, die von Anfang an davon träumte, die Przewalskis wieder in Freiheit zu sehen, warteten noch mehr Probleme wie zum Beispiel das, dass selbst in der Mongolei die Steppen nicht mehr unberührt sind. Immer mehr Areale werden für die Nutztierhaltung beansprucht, andere wurden für Ackerbau kultiviert. So dauerte es bis 1990, bis in Zusammenarbeit mit der Mongolian Association for Conservation of Nature und Environment das Reservat Hustain Nuruu gegründet werden konnte. Es umfasst 24.000 Acres unberührte Steppe, Wald und Wasserlöcher, also alles was Pferde brauchen – inklusive der Unterstützung ihrer menschlichen Nachbarn. Hustain Nuruu ist nämlich mittlerweile National-Park und wird von Einheimischen bewacht.

Pferde lernen Freiheit

Mit der Installation von Hustain Nuruu als Nationalpark und Reservat für Pferde waren für die FPPPH die Probleme der Auswilderung noch lange nicht gelöst. Da die Vereinigung selbst keine Przewalskis besitzt, musste sie erst in diversen Zoos Pferde loseisen. Und damit nicht genug: Den Fachleuten, die die Auswilderung betreuen, war natürlich klar, dass man ein in menschlicher Obhut geborenes Pferd nicht einfach einpacken, in die Mongolei fliegen und dort auf der Steppe laufen lassen kann. Die künftigen Bewohner des Hustain Nuruu Nationalparks mussten erst in kleinen Gruppen in so genannten »Semi-Reservaten« langsam wieder Freiheit lernen.
Zu diesem Zweck wurden mehrere dieser Klein-Reservate aufgebaut, in denn Przewalski-Gruppen zusammen gestellt, aneinander und an die Freiheit gewöhnt werden. Wie schwierig das teilweise war, zeigt zum Beispiel der Aufbau einer der ersten, fünfköpfigen Gruppen. Wichtig war es den Betreuern dabei, Pferde zusammen zu bekommen, die so wenig wie möglich gemeinsame Vorfahren haben, um weitere Inzucht zu vermeiden. Dabei kam dann eine internationale Truppe heraus: Zwei der vier Stuten stammen aus dem Zoo in Owlesbury (England), die beiden anderen wurden in Memphis (USA) und Bern (Schweiz) gezüchtet. Vater ihrer Fohlen soll der Hengst Apoll werden, der im Kölner Zoo aufgewachsen ist.
1997 besaß die Stiftung dann 61 topfite, kerngesunde Przewalskis, deren Stammbäume zusammenpassen (was in diesem Fall bedeutet: Möglichst viele verschiedene Przewalski-Familien) und mit denen entweder gezüchtet oder die direkt auf die Freiheit vorbereitet wurden. Dabei kann die Stiftung stolz auf ihre Zuchtergebnisse sein: Obwohl die Blutführung der Przewalskis so eng geworden ist, dass die Inzuchtdepression teilweise auf die Fruchtbarkeit und Sterblichkeitsrate der Fohlen durchschlägt, liegt bei den

Przewalskis, die für die Freiheit vorbereitet werden, die Fruchtbarkeitsrate mit 92 % aller Stuten bei 6 % Fohlensterblichkeit sehr hoch.

Geheimunternehmen Semi-Reservat

Die Przewalski-Pferde der Stiftung leben in »Halb-Reservaten«, die, jeweils um die 12 Hektar groß, in wenig besiedelten Gegenden mit nicht zu fruchtbaren Böden und eher rauem Klima liegen. Fünf davon sind in Deutschland und werden von der Deutschen Stiftung Urwildpferd, einem Ableger der FPPPH, betreut. Und dass wir Ihnen hier nicht verraten, wo diese Reservate liegen – nehmen Sie es uns nicht übel: Die Przewalski müssen sich in Ruhe auf die Auswilderung vorbereiten können, menschliche Besucher wären dabei kontraproduktiv, daher ist die Deutsche Stiftung Urwildpferd nicht scharf darauf, die Adressen ihrer Stationen bekannt zu geben.

Zurück in die Mongolei

Nach so vielen Bemühungen, Verhandlungen und letztendlich erfolgreicher internationaler Zusammenarbeit war es im Juni 1992 endlich so weit: Sechzehn Przewalskis, in Semi-Reservaten aneinander gewöhnt und auf die Freiheit vorbereitet, wurden in riesige Versandkisten verpackt und von Tierärzten betreut in die Mongolei geflogen.

Aber auch dort durften sie nicht sofort losgaloppieren und ihre neue Heimat in Besitz nehmen. Die ersten Wochen hatte man einen Teil der Steppe abgesperrt und beobachtete, wie die Neuankömmlinge zurecht kamen. Es klappte gut und so verabschiedeten sich nach ein paar Wochen die Betreuer schließlich von ihren Schützlingen, die Tore wurden geöffnet und die 16 zogen los – in ihr freies Leben hinein.

Natürlich hat man sie auch in Hustain Nuruu weiter beobachtet – und konnte zufrieden feststellen, dass die Przewalskis sich schnell wieder eingewöhnten. So wurde das Experiment fortgesetzt: 1994 kamen die nächsten 16 Przewalski-Pferde heim, von da an gab es alle zwei Jahre neue Pferde für Hustain Nuruu.[5]

Inzwischen sind es ungefähr 100 Przewalskis, die wieder in der Mongolei leben, die ersten dort geborenen Fohlen vermehren sich, es haben sich neue Familien und Junggesellenverbände gebildet und die fachkundigen Beobachter schauen optimistisch in die Zukunft. Die Przewalskis als Wildpferde sind zwar noch nicht wieder gerettet – dafür ist der Bestand zu klein – aber die Chance, dass sie in der Mongolei wieder heimisch werden und irgendwann ohne menschliche Fürsorge auskommen, ist gut.

Ende der Bedrohung?

Ja, die Przewalskis können als gerettet gelten. Mit an die 100 Pferden in Freiheit und weiteren 1500 in Tiergärten und Semi-Reservaten sind sie keine »bedrohte Tierart« mehr. Inzwischen ist es bei ihnen sogar schon so weit, dass die Zoos sich absprechen müssen, wer wann mit seiner Gruppe züchten darf, denn für sehr viel mehr als die momentan vorhandenen Przewalskis ist kein Platz. So wurde zum Beispiel in der Stuttgarter Wilhelma schon seit einiger Zeit kein Przewalski-Fohlen mehr geboren[6]. Man pflegt die vorhandene Gruppe – Vermehrung ohne zu wissen, was aus den Pferdekindern werden soll, kann nicht im Interesse von Tierschützern und Zooleuten sein.

Doch auch wenn die Przewalskis inzwischen nicht mehr als gefährdete Tierart gelten müssen: Es gibt immer noch Equiden, die sehr gefährdet sind. Von sechs noch wild lebenden Gatten der Spezies Equus, sind vier – Afrikanische und Asiatische Wildesel, Berg- und Grévy-Zebras – in freier Wildbahn extrem gefährdet[7]. Die World Conservation Union (IUCN) ist zwar glücklich darüber, dass die Przewalskis wieder heimgefunden haben – aber sie warnt weiterhin davor, dass in den Wüsten und Savannen Equiden vom Aussterben bedroht sind.

---

[5] Alle Informationen zum Auswilderungsprogramm von http://www.imh.org/bw/prz.html

[6] Persönliches Gespräch mit Dr. Dieter Jauch, Direktor des Botanisch-Zoologischen Gartens Wilhelma in Stuttgart.

[7] »Artenschutz: Pferde-Vettern in Gefahr«, »Der Spiegel«, Hamburg, Nr. 6 vom 03.02.2003, S. 132

Vom Feinsten: Die Sorraias

Im Programm der World Conservation Union ist von ihnen keine Rede. Die portugiesischen Sorraia-Pferde gelten nach strengem Maßstab als »Hauspferde«. Dennoch muss man bei ihnen mittlerweile von einer akuten Bedrohung reden – wahrscheinlich sogar noch einer schlimmeren als die der Przewalskis. Vermutlich gibt es mittlerweile nur noch ungefähr 150 Sorraias – und ob das ausreicht, um den Bestand der Rasse zu sichern?

Das Problem der sandfarbenen Portugiesen ist eigentlich schnell beschrieben: Sie sind auf der einen Seite zu sehr »Hauspferde«, um in Zoos und Tiergärten auf Schutz zu hoffen, auf der anderen Seite sind sie aber zu sehr »Wildpferde«, um in einer Welt, in der Pferde zu einem »Luxus« geworden sind und daher luxuriösen Ansprüchen genügen müssen, bestehen zu können. Dies wird dann noch dadurch verschärft, dass ihre Heimat Portugal sehr arm ist. Portugiesische Bauern haben schlichtweg andere Sorgen als die Erhaltung ihrer ursprünglichen Pferderasse – und da die Sorraias zu klein sind, als Reitpferde reüssieren zu können, dürfen sie auch nicht darauf hoffen, in »Mode« zu kommen und damit gerettet zu werden.

Dabei würden es gerade die Sorraias lohnen – nicht nur, weil sie von allen Wildpferden die edelsten sind, sondern

Edel, wild und extrem gefährdet – die portugiesischen Sorraias.

auch, weil sie vermutlich in der Entwicklung aller so genannten »Edelpferde« eine ganz wichtige Rolle gespielt haben dürften.
Sie gelten als die Vorfahren der Andalusier und der Lusitano, sie dürften auch in der Vollblutzucht mitgespielt haben – und schon aus dieser Historie heraus wird klar: Sorraias sind ein wichtiger Bestandteil des Genpools aller Pferde. Würden sie tatsächlich und endgültig verloren gehen, wäre das ein Verlust, den unsere Enkel und Urenkel ganz sicher sehr beklagen würden.

Die Vorfahren der Mustangs

Christoph Columbus war sauer. Er hatte besonders edle Andalusier ausgesucht, um sie mit sich in die Neue Welt zu nehmen, doch kurz vor dem Verladen waren die Edelpferde ausgetauscht worden. Man hatte dem portugiesischen Kapitän und Forschungsreisenden im letzten Moment statt der wertvollen Andalusier bedeutend billigere und »primitivere« Pferde untergejubelt, die aus dem Sumpfgebiet des Gudalquivir stammten. Es waren Sorraias – und *Columbus* konnte den kleinen Falben erst einmal gar nichts abgewinnen.
Doch später, in Amerika, soll er über den Austausch froh gewesen sein. Dort zeigte sich nämlich, dass die Sorraias, in Spanien, wo sie inzwischen ausgestorben sind, übrigens Marismeno genannt, unglaublich widerstandsfähig waren. Sie hatten nicht nur die lange Seereise unter schlechtesten Bedingungen einigermaßen überstanden, sondern wateten dann in der Neuen Welt durch Flüsse und Sümpfe, kamen auf kargen Steppen mit knappster Nahrung zurecht und ließen sich von nichts unterkriegen. Ohne die Falben wären Columbus und die Seinen vermutlich nicht so weit gekommen – und mit ihnen brachten sie die Vorfahren der heutigen amerikanischen Pferde ins Land.
Die Sorraias sind aber nicht nur dadurch, dass sie mit Columbus die ersten Rückkehrer in eines der Ursprungsländer der Pferde waren, Urahnen der Mustangs und aller anderen amerikanischen Pferde geworden. Sie wurden es auch dadurch, dass sie ja die Vorfahren der Andalusier sind, die von späteren spanischen Eroberern in die Neue Welt gebracht wurden.

Halbwild – die Sorraias leben in Portugal heute noch wie zu Columbus Zeiten.

Unübersehbar – die Ähnlichkeit zwischen Sorraia …

Auf den ersten Blick

Dass die Andalusier und die nahe mit ihnen verwandten portugiesischen Lusitano von den Sorraias abstammen, stand eigentlich nie im Zweifel. Man muss nicht einmal ein erklärter Experte sein, um das zu sehen. Die Andalusier (und Lusitanos – aber das müssen wir künftig nicht mehr extra erwähnen, oder?) ähneln ihren kleinen Ahnen nämlich durchaus.

Ja, wirklich! Lassen Sie sich nicht von der Farbe irritieren, sondern schauen sie sich einmal einen Sorraia auf seinen Körperbau hin an. Dann entdecken sie ein zwar kompaktes, aber dabei durchaus elegantes Pferd, sehr oft mit einem auffallend schönen, gut angesetzten Hals, trockenen Beinen, kleinen, festen Hufen und einem sehr schicken Kopf. Und wenn ich Ihnen nun einen Sorraia in Bewegung zeigen könnte, würden die Gemeinsamkeiten noch auffallender.

Sorraias sind Meister der Bewegung – angefangen von ihrem langen, raumgreifenden Schritt über den hohen, elastischen Trab bis hin zu ihrer Galoppade, die manches größere Pferd in den Schatten stellt. Dabei fehlt es den kleinen Ahnen der großen Spanier keineswegs an Eleganz – im Gegenteil: Sie zeigen natürliche Dressuranlagen und könnten, wenn man sie entsprechend ausbilden würde, ganz sicher als Damen- oder Kinderdressurpferd auf manchem Viereck Furore machen.

Verräterische Gene

Blut ist ein ganz besonderer Saft, heißt es oft in der Pferdezucht. Der Satz gilt aber nicht nur für das Vollblut, sondern auch für den roten Saft, der in den Adern aller Pferde fließt. Er ist nämlich nicht nur für die Gegenwart und Zukunft eines Pferdes unabdingbar, sondern enthält auch Informationen über seine Vergangenheit.

Dafür steht die in jeder Zelle enthaltene DNA, die Erbsubstanz eines jeden Individuums. Und zur DNA gehören die Mitochondrien, von Fachleuten das »Kraftwerk« der Zelle genannt, zuständig für den Energie-Stoffwechsel. Über die Mitochondrien und ihre Mutationen können aber auch Verwandtschaftsbeziehungen nachgewiesen werden. Oder ausgeschlossen – so geschehen bei den Sorraias. Aufwändige mitochondrische DNA-Analysen haben nämlich ergeben, dass sie weder mit den Arabern noch mit den Berbern noch mit den Exmoor-Ponys, denen sie ja auch recht ähnlich sehen, verwandt sind. Dafür aber scheint eine andere DNA-Analyse von Sorraias, die von *Dr. E. Gus Cothran* vom Blood Typing Research Laboratory der University of Kentucky in Lexington vorgenommen wurde, die These zu bestätigen, dass die Andalusier von den Sorraias abstammen. Zudem hat *Dr. Cothran* die Marker, die die Verwandtschaft zwischen den Sorraias und anderen iberischen Rassen beweisen, auch bei anderen Ras-

sen gefunden – so zum Beispiel den Quarter Horses und den Saddlers.
Diese Verwandtschaft wurde dann auch noch durch eine andere Untersuchung bestätigt. *Professor Klaus Olek* vom Bonner Institut für molekularbiologische Diagnostik, hat sich mittlerweile die Mühe gemacht, mit modernsten Untersuchungsmethoden Sorraias und Mustangs zu vergleichen – und danach sind sie eindeutig eng verwandt.
Aber nachdem wir nun die Verwandtschaft geklärt haben, bleibt eine Frage: Wo kommen die Sorraias eigentlich her?

... und Andalusiern – die von den Sorraias abstammen.

Nicht mehr ganz echt?

Mit der Frage nach ihrer Geschichte sind wir auch schon an der Frage: Sind sie nun eigentlich mehr Haus- oder mehr Wildpferde? Sind sie vielleicht sogar noch Urpferde wie die Przewalskis?
Die Optik weist zumindest darauf hin, dass sie sehr ursprüngliche Pferde sind. Ja, sie weisen sogar fast alle Zeichen des Wildpferdes auf, die wir bei den Przewalskis kennen gelernt haben: Die »Tarnfärbung« in Erdtönen, den Aalstrich, die Farbmischung im Langhaar: In der Mitte schwarz, außen deutlich heller. Doch im Gegensatz zu den Przewalskis haben die Sorraias weder Mehlmäuler noch Spiegel. Doch dafür weisen sie etwas anderes auf,

Wildpferd unter dem Sattel – Sorraia in Portugal.

was den Hauspferden abhanden gekommen ist: Sehr viele Sorraias zeigen an den Beinen mehr oder minder ausgeprägte Streifen – wie die Zebras. Und sehr viele von ihnen haben sogar ein »Kreuz«, das heißt, dass über dem Aalstrich auf der Schulter noch ein schwarzer Streifen verläuft – eine Zeichnung, die man auch bei ursprünglichen Equiden wie den Wildeseln findet. Und noch etwas spricht für Urpferd: Bei rein gezogenen Sorraias gibt es keine weißen Abzeichen.

Dennoch galten die Sorraias immer als »Hauspferde« – wahrscheinlich, weil sie in Spanien und Portugal immer von Menschen genutzt worden sind, wahrscheinlich, weil die ersten Sorraias, die von Fachleuten beschrieben wurden, Pferde waren, die in freien Herden lebten, aber als Besitz von Menschen galten.

Dr. d'Andrades Entdeckung

Wahrscheinlich sollten wir, was die Sorraias angeht, umdenken. 1945 schrieb nämlich der portugiesische Hippologe *Dr. Ruy d'Andrade* einen Aufsatz mit dem Titel »Geschichte und Entwicklung des Sorraia-Pferdes«. Und darin erzählte der Mann, der als größter Experte in Sachen Sorraias zu gelten hat, dass er einmal auf einer Jagd in Coruche im Sorraia-Tal auf eine Herde von etwa 30 Pferden gestoßen sei, die einen sehr ursprünglichen Eindruck auf ihn gemacht hätten. Es waren durchgehend Falben, alle wiesen den Aalstrich und die Zebrafärbung an den Beinen auf und sie zeigten in ihrem Verhalten, dass sie wohl bisher selten mit Menschen zu tun gehabt hatten.

Sie waren aber nicht die einzigen offenkundig sehr ursprünglichen Sorraias, die der Doktor im Lauf seiner Forschungen traf. Auch im Tejo-Delta, im Alto Altenjo und im Tal des Guadalquivir (ja, da wo dereinst die Falben hergekommen sind, die *Columbus* mit nach Amerika genommen hat) entdeckte *d'Andrade* Sorraias, die auf ihn den Eindruck von echten, also nie von Menschen beeinflussten Wildpferden, machten.

Seine Recherchen in der Geschichte der entsprechenden Gegenden könnten die These, dass die Sorraias tatsächlich Urwildpferde sind, belegen. In alten Dokumenten finden sich nämlich Hinweise darauf, dass es im Mittelalter in Portugal Wildpferde gab. So war zum Beispiel im Lissaboner Freibrief von 1179 von »Zebros« die Rede – und dem Papier ist eindeutig zu entnehmen, dass mit »Zebros« nicht Haus-, sondern Wildpferde gemeint waren. Und auch noch im 13. bis 15. Jahrhundert finden sich in portugiesischen Schriften Hinweise auf einen eigenständigen Pferdetyp unter dem Namen »Zebros«. Diese Pferde erwähnt auch der portugiesische Entdeckungsreisende *Duarte Lopes* aus Benevente 1578.

Und tatsächlich: Noch heute wird ein bestimmtes Gebiet zwischen den Flüssen Tejo und Guadiana »Vale de Zebro« – Wildpferdetal – genannt.

Noch weiter zurück

Wenn sie im Mittelalter da waren, dann müssen sie ja irgendwoher gekommen sein. Dr. d'Andrande hat für ihr Herkommen eine Erklärung zu bieten. Im oben erwähnten Aufsatz schreibt er: »Ich nehme an, dass es sich um Nachfahren eines Urtyps handelt, welcher in einem sehr heißen Klima vor Beginn des Eiszeitalters beheimatet war und dort die verschiedenen Kältezeiten überdauerte ... Während der Würm-Eiszeit (der jüngsten Eiszeit) hat er sich in Afrika aufgehalten, wo er auch die vorangegangenen Eiszeiten überlebt haben könnte. Auch fand man ihn im Süden der Hispania, in Andalusien und der Algarve. Er kam aus Afrika über die damalige Landenge, das heutige Gibraltar.«

Von dort aus haben sich die Sorraias wahrscheinlich im Tal des Sorraiaflusses, auch Zata genannt, verbreitet, in dem sie bis vor einiger Zeit gelebt haben. Dieses Tal mit einer Ausdehnung von etwa 55 Kilometern zwischen den Städten Cuoco und Benevente ist ein ausgesprochen karges Gebiet. Die kalkarmen Böden sind im Herbst und Winter überschwemmt, werden dann aber im Sommer von der unbarmherzigen Sonne ausgetrocknet. Nur im Frühling finden die Pferde dort Grünfutter, ansonsten müssen sie sich von halb vertrockneten Gräsern, Zweigen und Flechten ernähren.

Und wie weiter?

Wenn man nun annimmt, dass auch die Sorraias Urwildpferde sind – oder zumindest sein könnten! – spricht das dafür, auch sie unter besonderen Schutz zu stellen. Und das sollte möglichst schnell geschehen, denn sie sind eine akut gefährdete Rasse. Während sie in früheren Jahren als Hirtenpferde der Vaqueros, der portugiesischen Hirten, gezüchtet und in ihrem Bestand gepflegt wurden, hat der Niedergang der portugiesischen Landwirtschaft leider auch einen Rückgang der Sorraias verursacht. Und dazu kamen in der »Nelken-Revolution« 1975 nicht nur viele Menschen, sondern auch eine ganze Menge Sorraia-Pferde ums Leben.

Dass es überhaupt noch reine Sorraias gibt, ist vorwiegend Privatinitiativen zu verdanken. Die erste und wahrscheinlich wichtigste geht auf *Dr. d'Andrade* zurück. Er beschloss schon 1920, die Sorraias durch gezielte Zucht vor dem Aussterben zu bewahren und gründete dazu ein eigenes Gestüt in der Gegend von Coruche im ursprünglichen Verbreitungsgebiet der Sorraias.

Weil er aber die einst auf der Jagd entdeckten Herden nicht wiederfinden konnte, kaufte er bei verschiedenen Züchtern in Coruche und der Umgebung sieben Stuten.

Die letzten freien Sorraias – die Rasse ist akut bedroht.

Dabei achtete er darauf, dass sie genau die Merkmale aufwiesen, die er damals bei den frei lebenden Sorraias entdeckt hatte.

In den Anfangsjahren bemühte sich *Dr. Ruy d'Andrade*, seine Stuten von möglichst vielen verschiedenen, möglichst »ursprünglichen« Hengsten decken zu lassen, bis er dann schließlich eigene, im Gestüt gezogene Hengste verwenden konnte.

Dennoch konnte er eine gewisse Inzucht nicht vermeiden – und daran, dass sie nicht zu Schäden, der so genannten »Inzuchtdepression« geführt hat, sondern sich die im d'Andrade-Gestüt gezogenen Sorraias durch Zähigkeit, Langlebigkeit und Homogenität auszeichnen, kann man schon erkennen, dass die Sorraias eine sehr gesunde Rasse sind.

Aller guten Dinge sind vier?

D'Andrades Gestüt wird heute von seinem Sohn geführt – und auf seine Pferde gehen die drei anderen Sorraia-Zuchten zurück, die sich heute um den Erhalt der portugiesischen Wildlinge kümmern. Zwei davon sind in Portugal – das Gestüt des *Dr. Manuel Abecassis* und das Portugiesische Nationalgestüt. Das vierte Gestüt ist in Deutschland – um genau zu sein: Im Erdinger Moor in der Nähe von München. Es wurde von dem inzwischen ver-

storbenen Tierarzt, Hippologen und Fachbuchautor *Dr. Michael Schäfer* gegründet, hat einen Bestand von ungefähr 30 Sorraias und wird inzwischen von seiner Witwe fortgeführt.

Die Frage ist aber, ob diese vier Gestüte mit ihrem jeweils recht kleinen Bestand ausreichen, die Sorraias zu retten. Es wäre zu hoffen, dass der Sorraia – der übrigens oft sogar Anlagen zum Tölt zeigt und der außerdem als Hütepferd ausgesprochenes Geschick im Umgang mit Stieren zeigt – richtig entdeckt wird. Was spräche denn zum Beispiel dagegen, einen dieser ausgesprochen schicken Portugiesen unter dem Westernsattel zu reiten? Und auch als Distanzpferd wären Sorraias, die schon bei der Eroberung Amerikas ihre Ausdauer bewiesen haben, sicher nicht schlecht eingesetzt.

Weiße Pferde, schwarze Stiere: Die Camargues

Vielleicht waren es die Germanen, die sie mitbrachten. Sie kamen während der Völkerwanderung quer durch Europa auch ins Rhône-Delta. Und vielleicht haben sie in dieser urtümlichen Landschaft, in der Erde und Himmel zu verschmelzen scheinen, in der Wasser und Land, Nebel und Licht eine Einheit zu bilden scheinen, einige von ihren Pferden frei gelassen?

Es würde erklären, warum die Pferde der Camargue Schimmel sind. Den Germanen nämlich waren Schimmel heilig, sie hielten sie, betreut von speziell dafür ausgewählten Priestern, in ihren Hainen. Und sicher hatten sie auch einige von ihren heiligen Schimmeln mit auf die große Reise genommen, die sie in ein besseres Leben in einem besseren Land führen sollte.

Ob es die Germanen waren oder ob – wie eine von Hippologen aber eher abgelehnte These behauptet – die Schimmel der Camargue von den im Quartär in Südfrankreich reichlich vorhandenen Solutré-Urpferden abstammen: Sie waren da, als der römische Feldherr *Gaius Julius Cäsar* (101–44 v. Chr.) in die Camargue kam. Er hatte Erfahrung mit Schimmeln, denn die Römer waren selbst keine großen

Dunkel geboren –
ein Camargue-Fohlen.

Strahlend weiß – erst
erwachsene Camargues zeigen
die typische Weißfärbung.

Reiter. Der größte Teil ihrer Kavallerie bestand zu Cäsars Zeiten aus germanischen Hilfstruppen und die hatten ganz sicher ein Faible für Schimmel – kleine, wendige, zähe Schimmel, so wie die Camargues. Kein Wunder also, dass Cäsar in ihnen ideale Pferde für seine Kavallerie erkannte und in Arles und Rhodansia zwei Gestüte gründen ließ.
Was aus ihnen im Lauf der Zeit geworden ist, kann man heute nicht mehr ergründen. Doch die Camargue-Pferde blieben auch nach Cäsar Bestandteil der Landschaft des Rhône-Deltas. Sie waren da, als 730 die Mauren aus Südafrika über das Meer segelten und Südfrankreich einnahmen – wobei sie vermutlich nicht nur in Bauwerken ihre Spuren hinterließen, sondern auch bei den einheimischen Pferden. Sie hatten ihre Berber und Araber mitgebracht – und manchem Camargue-Schimmel scheint man noch heute anzusehen, dass seine Ururururgroßmutter ein wenig mit einem der Erobererhengste fraternisiert hat.
Die Mauren wurden um 800 herum von Ordensrittern vertrieben – die weißen Pferde blieben, wobei vermutlich in den nächsten Jahren, in denen die Camargue vom Orden kultiviert wurde, Vermischungen zwischen ihnen und den nördlichen Pferden der Ritter stattfanden.

Mittelalter: Zeit der Konsolidierung

Rassenmix – wenn er nicht gerade von hoch erfahrenen Hippologen gezielt und vorsichtig vorgenommen wird – ist selten zum Besten einer Pferderasse. Doch im Fall der Camargues zeigte sich in den nächsten Jahren (wie auch später noch einmal), dass sie Fremdeinfluss leichter verkraften als andere Pferde.
Dafür steht ihre Haltung. Schon damals, im frühen Mittelalter, lebten die Schimmel nämlich nicht viel anders als heute: Draußen, im Delta, auf Weiden, die das ganze Jahr unter Wasser stehen, dem Wind und der gleißenden Sonne ausgesetzt. Futter ist knapp – oder, um genau zu sein: Gras oder Getreidepflanzen sind praktisch nicht vorhanden. Camargue-Pferde müssen sich von dem ernähren, was die Salzsümpfe ihnen bieten und das sind vorwiegend nährstoffarme Salzpflanzen wie Salicornae und Saladellae sowie Reet und Kalmus. Dabei scheint der Kalmus den Camargues besonders gut zu schmecken, hat aber einen Nachteil: Seine Äste liegen meist unterhalb der Wasseroberfläche. Wer ihn fressen will, muss mit der Nase eintauchen. Die Camargues können das – wie nordische Elche haben sie die Fähigkeit entwickelt, ihre Nüstern so zu verschließen, dass kein Wasser in die Nase eindringen kann.
Dazu sind die echten Camargues offensichtlich resistent gegen Mauke. Obwohl sie ständig im Wasser oder Schlick stehen und ihre Fesseln kaum einmal trocken werden, findet man diese schmerzhafte Krankheit fast nie bei ihnen. Und ebenso scheinen ihnen die Myriaden von blutsaugenden Insekten, die im Hochsommer über den Sümpfen schwirren und zu Tausenden über die Pferde herfallen, nichts auszumachen.
Diese Umweltbedingungen sorgten aber für eine Selektion, die härter war als jede, die der Mensch hätte unternehmen können. Nur die Härtesten, nur die, die tatsächlich »Camargues« waren, kamen durch und hatten eine Chance, Nachwuchs aufzuziehen.
Das aber gelang den Schimmeln offenkundig reichlich, denn 1551 konnte ein Edelmann aus Arles von ungefähr 4.000 Zuchtstuten berichten, die im Delta leben. Hochgerechnet auf die Gesamtzahl der Pferde in der Camargue ergibt das ungefähr 10.000, die in gemischten Herden mit ungefähr 16.000 schwarzen Rindern unterwegs waren.

Wenn es den Pferden zu wohl wird …

… gehen die Esel aufs Eis. So jedenfalls könnte man interpretieren, was in der Camargue viele Jahrhunderte lang passierte.
Es begann um 1665 herum. Da meinte der königliche Finanzminister *Jean-Baptiste Colbert*, *Marquis de Seignelay* (1619–1683) nämlich, er müsse die Qualität der französischen Kavalleriepferde verbessern, in dem er mit Hengsten aus Afrika die Camargues »vergrößerte«. Der Versuch ging schief – die Camargues wurden zwar größer, verloren aber auch sehr schnell, teilweise sogar schon in der ersten »Misch-Generation«, ihre Härte und ihre Widerstandsfähigkeit gegen Krankheiten. Außerdem bekam den Berberhengsten, die ja aus der Wüste kamen, das feuchtwarme Klima im Rhône-Delta nicht.

Supernasen – die Camargues können mit den Nüstern unter Wasser fressen.

Doch das schützte die Camargue-Pferde nicht vor weiteren Umzuchtverversuchen. 1755 ließ nämlich *Ludwig XV* (1710–1774) im Rhône-Delta ein Gestüt errichten, in dem fröhlich mit großen Hengsten eingekreuzt wurde – und vom Standpunkt des Königs und seiner Herren aus durchaus erfolgreich: Einige Produkte dieses Gestüts fielen so gut aus, dass sie es tatsächlich in die königliche Marställe nach Versailles schafften.
Dieses Gestüt fiel den Revolutionswirren zum Opfer – und war zum Glück nie so groß gewesen, dass alle ungefähr 1.800 Camargue-Stuten, die zu dieser Zeit im Delta lebten, von dortigen Hengsten gedeckt worden waren. Es waren immer noch genug »reine« Camargues übrig – nur ob das wirklich ein Glück für sie war?

Napoleons Begleiter

Greifen wir einmal einige Jahre voraus: 1905 kam der *Marquis de Baroncelli* auf die Idee, die besonderen Fähigkeiten eines Camargue-Pferdes für Distanzen unter Beweis zu stellen. Mit einem Freund ritt er von Arles nach Lyon – am linken Rhône-Ufer hin, am rechten zurück. Dabei saß er auf einem 14-jährigen Wallach, der mit dem Marquis und seinem Gepäck insgesamt 73 Kilogramm zu tragen hatte – über eine Strecke von 311 Kilometer auf der Hinreise. Dazu brauchte der Schimmel 43 Stunden, auf vier Tage verteilt – das ergibt also einen flotten Dauertrab-Durchschnitt von sieben Kilometer pro Stunde. Und dass die Camargue-Schimmel von dieser Leistung nicht besonders erschöpft waren, zeigten sie nach zweitägiger Ruhepause in Lyon. Danach ging es nämlich im gleichen Tempo zurück nach Arles.
Napoleon kann von dieser Reise noch nicht gewusst haben, aber dass Camargues besonders leistungsfähig sind, war ihm bekannt. Er mochte die Schimmel aus dem Rhône-Delta – so sehr, dass er 1793–1794 und 1807 den

zusammengeschmolzenen Pferdebestand seiner Kavallerie durch eine Massenrequierung in der Camargue auffüllen ließ. Dabei legte er natürlich Wert darauf, die besten Pferde zu bekommen – und dieser Massenaderlass am Bestand war selbst für die zähen Camargues schwer zu verkraften, denn von den vielen, vielen Pferden, die dann mit *Napoleon* und seinen Armeen quer durch Europa und schließlich sogar bis nach Russland zogen, fanden nur eine Handvoll wieder nach Hause.

Napoleon war offenkundig klar, dass er sich um Wiederauffüllung des Bestands bemühen musste. Er ließ das in den Revolutionswirren untergegangene Gestüt von *Ludwig XV* 1806 wieder errichten.

Immer noch nichts gelernt

1837 schien es, als ob die Geschichte der Camargues sich endlich zum Besseren wenden würde. Die staatliche Zuchtverwaltung beschloss, ihr Gestüt in Form einer Manade, der typischen Camargue-Form, zu organiseren. Die Pferde standen nun nicht mehr in Ställen, sondern weideten im Delta und wurden nur einmal im Jahr eingefangen, wobei dann die Einjährigen mit dem Brandzeichen versehen und die dreijährigen Hengste als künftige Reitpferde aussortiert wurden so, wie es heute noch in der Camargue üblich ist. Doch damit hatte es sich auch schon an »traditioneller« Haltung. Die Hengste, die von der Staatlichen Gestütsverwaltung eingesetzt wurden, waren immer noch keine echten Camargues, sondern Importe – meist mit dem Ziel, den immer noch kleinen Wildpferden mehr Größe mitzugeben.

Und was dabei in den nächsten Jahrhunderten heraus kam, erboste den erfahrenen Hippologen *Jasper Nissen*: »Die Geschichte der Camargue-Zucht zwischen 1850 und 1928 ist ein besonders krasses Beispiel dafür, mit welcher Skepsis man immer wieder die staatlichen Eingriffe in die Tierzucht betrachten muss. Der Staat – besser seine Repräsentanten – sehen sich als unfehlbar und dem Züchter auf

Früh übt sich – Camargue-Fohlen zeigt Geländegängigkeit im Wasser.

dem 'platten Land' in der Beurteilung dessen, was diesem am besten frommt, stets als haushoch überlegen an. Sie neigen nur allzu oft dazu, Irrtümer der Vergangenheit in der Gegenwart durch Gesetze zu 'zementieren', statt sie kritisch zu hinterfragen.[8]«

Im Fall der Camargues hieß das konkret: Zwischen 1850 und 1928 versuchte die Staatliche Gestütsverwaltung immer wieder, die Camargues zum idealen Kavalleriepferd umzuformen – und das bedeutete in allen Fällen Einkreuzung von Fremdblut. Eine Verbesserung war es nie, im Gegenteil. Fast immer verloren die Camargues ihre Widerstandsfähigkeit, fast immer wurden sie nicht unbedingt größer, aber dafür »weicher«, fast immer zeigte sich spätestens in der zweiten Generation nach der Einkreuzung, dass die fremden Hengste nicht wirklich »gepasst« hatten.

Den einheimischen Camargue-Züchtern war meist schon vor dem Einsatz eines fremden Hengstes klar, dass er nicht zu ihren Stuten passen würde. Sie wollten rein züchten – nicht nur, weil ihnen an der Erhaltung der alten Rasse lag, sondern auch, weil schon damals die meisten Pferdezüchter in der Camargue gleichzeitig schwarze Stiere züchteten und daher das ausgeprägte Talent der Schimmel im Umgang mit Rindern brauchten. Aber sie durften oft genug nicht. Gesetze zwangen sie, ihre besten Stuten Hengsten zuzuführen, die von der Staatlichen Gestütsverwaltung ausgewählt worden waren – ein Quell ständigen Ärgers und ständiger Proteste.

Die Rettung der echten Camargue-Pferde

Was für viele andere Pferderassen fast den Untergang bedeutete, wurde für die Camargues zum Segen: Das Ende des Ersten Weltkrieges und damit die Entdeckung, dass die Kavallerie überholt war. Es gab noch einige Diskussionen darum, doch einige Jahre nach dem Krieg stand fest: Eine moderne Armee braucht keine berittenen Einheiten mehr. Die Franzosen motorisierten ihre ehemaligen Kavallerie-Regimenter, die Pferde wurden abgeschafft – und gleichzeitig wurden 1928 durch einen Federstrich des zuständigen Ministerium die Deckstellen in der Camargue, bis dahin Quell ständigen Ärgers, geschlossen. Die Camargue-Züchter, die man über Jahrzehnte gezwungen hatte, ein in Paris ausgebrütetes Zuchtkonzept zu verwirklichen, waren plötzlich ohne jegliche Richtlinien sich selbst überlassen.

Die meisten von ihnen nutzten diese Situation zum Vorteil ihrer Pferde. Traditionsbewusst und – aus Pariser Sicht – stur, kehrten sie zurück zu den Ursprüngen. Die Pferde wurden wieder ganzjährig im Delta laufen gelassen, wobei man »Verluste« von Pferden, die sich unter diesen harten Bedingungen nicht halten konnten, hinnahm. Man setzte wieder Camargue-Hengste ein, die die Züchter ohne

[8] Jasper Nissen, »Enzyklopädie der Pferderassen, Band 2«, Kosmos, Stuttgart, 1998, S. 346

Einmischung »von oben« aussuchten. Viele von ihnen setzten dabei auf typische Camargue-Hengste, auf solche, die »Cow-Sense« und Stehvermögen zeigten.
Und so zeigte sich in den nächsten Jahren dann, dass in den Pferden immer noch das alte Potenzial steckte. Jasper Nissen schreibt darüber: »Nahezu 50 Jahre ganzjährigen Lebens in Freiheit auf der kargen Salzsteppe, in dem feuchten Seeklima, ernährt nur von den Sumpfgräsern, den Salzpflanzen und dem Schilf, hatten eine wunderbar reinigende Wirkung auf die Rasse, die alle artfremd eingekreuzten 'Schlacken' abstreifte.[9]«

[9] Jasper Nissen, »Enzyklopädie der Pferderassen, Band 2«, Kosmos, Stuttgart, 1998, S. 346

Was macht sie aus?

Die Camargues sind wieder da – und können heute durchaus wieder als konsolidierte Rasse gesehen werden. Dennoch kann man heute noch zwei verschiedene Typen erkennen: Die »Kompakten« – eher kurzbeinige, kleinere Pferde mit kurzem, breitem Kopf – die an den nordischen Urtyp (und ja, damit auch an Przewalskis) erinnern und die, die wohl von den Berbern beeinflusst sind und das durch einen längeren, schmalen, oft leicht geramsten Kopf, mehr Größe und Hochbeinigkeit verraten. Bei ihnen zeigt das weiße Sommerfell oft einen metallischen Schimmer und das Langhaar scheint feiner und seidiger. Manche von diesem Typ zeigen auch einen rötlichen Schimmer

im Fell oder sind rötlich gesprenkelte Fliegenschimmel. Obwohl alle Camargue Pferde Schimmel sind – sie sind keine Albinos. Das heißt, sie werden dunkel geboren, in allen nur denkbaren Pferdefarbvarianten. Unter den Fohlen gibt es ebenso Füchse und Falben wie Rappen und Braune. Erst im Alter von ungefähr sieben Jahren sind die Camargues echte Schimmel – bis dahin zeigen sie noch ihre Grundfarbe in mehr oder minder starker Ausprägung. Allen Camargues gemeinsam sind die hübschen, kleinen Mausöhrchen, relativ kleine, flach im Schädel liegende, ein eher kurzer Hals, manchmal sogar mit leichtem Unterhals, der gedrungene Körper und die runde Kruppe mit dem tief angesetzten Schweif.

Echte Camargues werden aber durch mehr als ihr Äußeres geprägt. Sie sind extrem langlebig – mancher von den Schimmeln, die als Hütepferde dienen, sind noch 30jährig unter dem Sattel. Dahinter steht die Zähigkeit, die sie die karge Aufzucht überstehen lässt. Dazu berichten Kenner, dass Camargue-Pferde einen extrem ausgeprägten Herdendrang haben. Er zeigt sich bei den wild lebenden am besten, wenn ein Sturm über dem Rhône-Delta aufkommt. Dann schließen sie sich eng zusammen, senken die Köpfe und drehen ihre Hinterteile ergeben in den Wind.

So friedlich sie in solchen Situationen wirken, so wehrhaft und tapfer zeigen sie sich in anderen. Camargue-Stuten verteidigen ihre Fohlen mit einer Vehemenz, die nicht nur zweibeinige Besucher, sondern sogar manchen ausgewachsenen Stier in die Flucht schlägt und Camargue-Hengste sind dafür bekannt, dass sie einem Rivalen, der versucht, mit einer ihrer Damen zu flirten, sehr deutlich und oft auch blutig klarmachen, dass er besser in seinem Revier bleiben sollte. Hin und wieder soll es sogar vorkommen, dass ein Hengst in einem Kampf um eine Stutenherde einen anderen Hengst durch einen tiefen Biss in den Hals tötet.

Nicht mit meiner Tochter!

Dass es trotz der Wildheit, mit der ein Hengst die weiblichen Mitglieder seines Familienverbandes gegen andere Hengste verteidigt, fast nicht zu Inzucht kommt, ist ein Phänomen, das erst vor wenigen Jahren erkannt wurde. Früher ging man davon aus, dass Hengste zwar ihre Söhne, wenn erst einmal entwöhnt, aus der Herde vertreiben, aber dafür die Töchter als willkommene Erweiterung ihres Harems betrachten.

Beobachtungen in der Camargue haben ergeben, dass dem nicht so ist. Ein französisches Forscherteam beobachtete 20 Jahre lang eine frei lebende Herde auf dem Gelände der Forschungsstation Tour la Vallat. 1995 berichteten sie über die Ergebnisse, die mehr als nur ein wenig erstaunlich waren. Nachdem nämlich bei den Fohlen dieser Herde die Abstammung durch Bluttests festgestellt worden war, stellte sich heraus, dass weit weniger Inzucht als angenommen stattgefunden hatte. Die jungen Stuten verlassen in der Regel im fortpflanzungsfähigen Alter den Familienverband, in dem sie mit einem anderen Hengst davonziehen – von ihrem Vater dabei eindeutig weniger behindert als Stuten, mit denen er nicht blutsverwandt ist. Paarungen zwischen Vater und Tochter werden offensichtlich vermieden, jedenfalls konnten die Forscher keine beobachten und fanden auch im Blut der Fohlen keine Hinweise darauf.

Aber noch mehr hatten sie zu berichten: Herrn Freuds berühmter »Ödipus-Komplex« scheint bei den Camargue Pferden nicht aufzutreten. Im Gegenteil: Es wurde keine Mutter-Sohn-Paarung beobachtet, was übrigens nicht alleine an den Stuten zu liegen scheint. Könnte man ihre Abneigung gegen eine solche Inzest-Paarung vielleicht noch daraus erklären, dass ihnen ein ungestümer, junger Hengst lästig ist, so kann man die Abneigung der jungen Hengste gegen ein Techtelmechtel mit der Frau Mama wohl nur daraus erklären, dass die Herren auf sie geprägt sind und sie auch nach Jahren der Trennung wieder erkennen.

Auch weiter entfernter Inzest – also zum Beispiel Geschwister oder Tante-Neffe – wurde in der Camargue nicht berichtet. Offenkundig hat die Natur ihren Geschöpfen hier eine »Sperre« eingebaut, denn die unweigerlich auftretende Inzuchtdepression würde unter so schwierigen Umständen langfristig zum Aussterben führen.

Touristenattraktion auf vier Hufen

Touristen sind ein Segen. Sie sorgen für Arbeitsplätze, sie bringen Geld in strukturschwache Regionen. Touristen sind aber auch ein Fluch: Ihretwegen werden Landschaften zu-

gepflastert, Traditionen werden zu billiger Folklore gewandelt, an den schönsten Plätzen entstehen scheußliche Andenkenständchen.
Die Camargue hat beides erlebt: Den Segen wie den Fluch. Sie gehört zu den meist bereisten Regionen in Frankreich, wofür nicht zuletzt die weißen Pferde und die schwarzen Stiere verantwortlich sind. Und das ist gut so, denn Tourismus bietet ihnen eine Zukunft, die ihnen die zurückgehende, traditionelle Landwirtschaft nicht mehr gewähren kann. Gleichzeitig aber haben die Massen von Touristen, die in der Camargue unbedingt einmal reiten wollten, auch zu einer Gefahr für die Camargue-Pferde geführt. Es sind unzählige Pferdehöfe aus dem Boden geschossen und auf manchen war die Gier nach dem schnellen Geld wichtiger als die Tradition. Dort wurden dann statt »echten« und inzwischen nicht mehr ganz billigen Camargue Pferden aus Afrika eingeführte Berber eingesetzt – und oft genug so schlecht gefüttert und gepflegt, dass jeder Ritt auf ihnen nur als »Tierquälerei« bezeichnet werden kann. Gleichzeitig verkam das, was früher täglich Brot der Hirten war, die Arbeit mit den Rindern, oft genug zum Folklore-Schauspiel, in dem im Schnellverfahren weniger aus- als am Ende eingebildete Akteure, deren Reiterei jeden echten Camargue Hirten beschämt, Pferde und Rinder sinnlos scheuchten.
In den letzten Jahren ist es allerdings wieder etwas besser geworden. Die Camargue-Züchter haben sich, nachdem man in Paris endlich eingesehen hat, dass man nur mit und nicht gegen sie kann, mit ihrer Zuchtleitung ausgesöhnt, das staatliche Gestüt Uzés kooperiert mit ihnen und auch der Tourismus ist größtenteils kontrolliert und in den Händen von Leuten, die traditionelle Formen mit moderner Wirtschaft zu verbinden wissen. Außerdem steht der Naturpark Etang de Vaccarès, eines der bedeutendsten europäischen Vogelschutzgebiete, für den Erhalt der ursprünglichen Landschaft.

Gesicherte Zukunft?

Ja, die Zukunft der weißen Pferde in der Camargue kann als gesichert gelten. Der Bestand ist nicht nur groß genug, sondern das Camargue-Pferd hat sich dazu als ein ausgesprochen vielseitiges Pferd gezeigt. Die verschiedensten Verwendungsmöglichkeiten – angefangen von der traditionellen als Pferd der berittenen Hirten, der Gardians bis hin zu seinem Einsatz als robustes Distanzpferd oder Freizeitpony – sichern die Zucht wohl noch für viele Jahre. Dennoch ist es wichtig, auf das Rhône-Delta zu achten. Die einzigartige Landschaft ist durch Naturkatastrophen wie Tankerunglücke ebenso bedroht wie andere Küstenlandschaften. Es ist unser aller Pflicht und Interesse, sie zu bewahren und für die, die nach uns kommen, mit ihren Pferden und Stieren zu konservieren.

Savoir vivre: Die Landais

Das Kontrastprogramm zu den Camargues sind die Landais, die meist dunklen, sehr edlen Ponys, die im Südwesten Frankreichs, dem weitläufigen Forstgebiet Les Landes an der Biscaya, südwestlich von Dax, zuhause sind.
Sie sind eine kleine Rasse – was sich auch in der Literatur zeigt. So weiß zum Beispiel Gerhard Kapitzke in seinem sonst hervorragend recherchierten Buch »Frankreich für Pferdefreunde« über sie nicht mehr als »Das Poney Landais oder Barthais ('Heide- oder Uferwiesenpony') soll eine stark von arabischem Blut beeinflusste Ponyrasse sein, die von den Mauren um 732 zurückgelassen wurde. Die Heimat der 135 cm großen Ponys sind die oft überschwemmten Wiesen von Adour südwestlich von Dax, wo sie von kümmerlicher Grasnahrung ganzjährig im Freien leben. Ein weiträumiger Trab empfiehlt sie als brauchbare Reitponys und Kutschpferde.[10]«
Ein bisschen mehr fällt mir zu ihnen ein, denn die ausgesprochen hübschen Ponys sind in Frankreich nicht eben selten. Man trifft sie nicht nur in ihrem Herkunftsland, sondern sehr oft in städtischen Reitställen, ja manchmal sogar in Turnierställen, denn sie zeigen als Kinder- und Damenreitpferd sowohl in der Dressur wie auch beim Springen ausgesprochen Talent.

[10] Gerhard Kapitzke, »Frankreich für Pferdefreunde«, DuMont Buchverlag, Köln, 1981, S. 144

Französisch-Arabische Mischung

Obgleich der arabische Einfluss bei den Landais unübersehbar ist: Dass die Rasse total auf die Araber zurückgeht, die die Mauren, 732 von *Karl Martell* geschlagen und auf der Flucht, hinterlassen haben, ist nicht wahrscheinlich. Obwohl ganz sicher einige von ihnen in den Wäldern des Landes entkommen sind – sie waren nicht die ersten Pferde dort, sondern sie trafen auf vierbeinige Ureinwohner, mit denen sie sich kreuzten.

Vermutlich war das nicht das einzige Mal, dass die Rasse eine Bluttransfusion aus Arabien bekam. Die nächste wird in der Zeit der Kreuzzüge vermutet, in dieser Periode könnte es auch – durch die relative Nähe Spaniens zum Ursprungsgebiet der Landais – zu Einkreuzungen von Andalusiern gekommen sein.

Dokumentarisch belegt ist dann Arabereinkreuzung um 1810 herum. Einige Jahre zuvor war Napoleon mit einigen Araberhengsten von seinem Ägyptenfeldzug zurückgekehrt. Vermutlich war es einer davon, der Beschäler bei einer Herde von Landais-Stuten wurde – und es ist vermutlich nicht zu viel Spekulation, wenn man in ihm ein dunkles Pferd vermutet, das prägenden Einfluss gehabt hat. An ihn wurde dann nach dem Zweiten Weltkrieg angeschlossen, als man noch einmal gezielt Araber und Welsh Hengste einkreuzte.

Ansonsten aber hat die Rasse als »konsolidiert« zu gelten. 1968 wurde für sie ein Stutbuch eingerichtet, das in zwei

Zukunft gesichert – Camargues sind als Reitpferde sehr begehrt.

Sektionen unterteilt ist. Part A umfasst Stuten mit mindestens 75 % Landais-Blut, Part B ist für Stuten ab 50 %. Dazu ist ein Zuchtziel festgelegt, das für Stuten der Sektion A eine Widerristhöhe von 118–135 Zentimeter, für Stuten der Sektion B eine Widerristhöhe von 120–147 Zentimeter Stockmaß und für Hengste eine Widerristhöhe von 120–135 Zentimeter vorschreibt. Das Zuchtbuch wurde 1981 geschlossen, seitdem wird Reinzucht betrieben.
Sie sieht vor, dass ein Landais einen hübschen Kopf mit breiter Stirn, großen, lebhaften Augen und kleinen spitzen Ohren zeigt. Der Hals mit leichtem Genick ist meist lang mit breiter Basis, manche Landais zeigen einen Ansatz zum Unterhals. Ganz wichtig ist ein korrektes Fundament mit nicht zu kleinen, klaren und festen Hufen.
Die meisten Landais sind dunkel- bis schwarzbraun, Füchse und Rappen sind sehr selten, Schimmel kommen so gut wie gar nicht vor, Abzeichen sind erlaubt.

Edel, aber dennoch robust

Vom Äußeren her gesehen ist das Landais von allen Pferden, über die wir bisher gesprochen haben, am weitesten vom Urpferd entfernt. In seiner Haltungsform aber zeigt es sich als ausgesprochen robust. Jasper Nissen weiß darüber: »Die Haltung des Landais-Ponys erfolgt ganzjährig im freien. Die halbwilden Herden ernähren sich von dem salzig-sauren Aufwuchs an Grasschmalz (Queller), verschiedenen Arten der Salzmelde und der Strandsalzmiere sowie Cord- und Schlickgräsern im Überschwemmungsgebiet der Adourmündung oder von den Heidegräsern des Landais-Forstgebietes.[11]«
Trotz der robusten Haltung werden die Landais aber auf Leistung unter dem Sattel selektiert. Die Züchter fangen ihre Herden einmal im Jahr ein, die Dreijährigen – Stuten und Hengste – werden herausgefangen und angeritten. Zur Herde kommen nur Hengste und Stuten, die ihre Leistungsfähigkeit bewiesen haben.
Dabei zeigen die Landais ausgesprochene Anpassungsfähigkeit: Obgleich recht temperamentvoll, sind die meisten von ihnen nach entsprechender Ausbildung ausgesprochen liebenswerte, intelligente Reitpferde. Das sichert ihre Zukunft, denn sie sind mittlerweile als Reitponys so beliebt, dass der Bestand in den letzten Jahren immer mehr zunimmt.

Die mochte schon Obelix: Mérens

Das Hochtal der Ariège, eines Nebenflusses der Garonne, gehört zu den am schwersten zugänglichen Gebieten in Frankreich. Hoch in den Pyrenäen, nahe der französischen Nordostgrenze zu Andorra, war die Gegend über viele Jahrhunderte nur von wenigen Bergbauern besiedelt, die ihr karges Brot auf steinigen Äckern in kurzen Sommern erwirtschaften mussten.
Luxus gab es weder für sie noch für ihre vierbeinigen Helfer, die Mérens- oder auch Ariège-Ponys genannten, kleinen, dunklen Pferde. Sie lebten Sommer wie Winter wild an den steilen Hängen des Tales, wobei ihnen die Winter wahrscheinlich lieber waren. Obgleich nur sehr wenig und nur in allerhärtesten Wintern zugefüttert: Mit Schnee, Eis und Sturm können die extrem trittsicheren Ponys umgehen. Doch Hitze mögen sie nicht. Wenn die Sonne über dem Tal brütet, verziehen sie sich noch heute dösend in den Schatten eines der wenigen Bäume oder unter einen Felsen.
So frei sie leben, so waren sie für die Bauern im Ariège-Tal doch immer sehr wichtig. Robust und stabil wie sie sind, verkrafteten sie schwerste Feldarbeit, die Stuten zeigten sich zudem als ausgesprochen fruchtbar und ihre Milch reichte oft nicht nur für das eigene Fohlen, sondern wurde auch so manchem Bauernkind gefüttert. Schwer zu erlangen war sie nicht – die Mérens sind ausgesprochen freundliche Pferde, hochintelligent und auf den Menschen bezogen.
Hübsch sind sie außerdem. Alle echten Mérens sind Rappen – manchmal etwas fahl in der Farbe, aber nichts desto trotz im Sommer oft wie lackiert glänzend. Ihr Kopf ist nicht klein, aber dennoch hübsch und meist sehr ausdrucksvoll mit einer geraden Stirn-Nasen-Linie, kurzen Ohren und großen, klugen Augen. Den langen Hals tragen sie meist

[11] Jasper Nissen, »Enzyklopädie der Pferderassen, Band 2«, Kosmos, Stuttgart, 1998, S. 347

Ohne große Fremdeinflüsse – die Mérens ähneln den französischen Urpferden.

stolz aufgewölbt, die Schultern sind kräftig, mit dicken Muskeln bepackt, ebenso der lange, starke Rücken und die abschüssige Kruppe mit dem tiefen Schweifansatz. Manche Mérens zeigen Behang an den kräftigen Beinen, typisch für alle ist stark ausgeprägter Mähnen- und Schweifwuchs. Bei der traditionellen Aufzucht werden Mérens selten größer als 135–147 Zentimeter, bei üppiger Fütterung kann es auch etwas mehr werden.

Damals, in der Höhle

Schaut man sich einen Mérens an, dann drängt sich unweigerlich ein anderes Bild vor: Die uralten Höhlenzeichnungen aus Labastide, Lascaux, Niaux oder den Grotten von Chauvet und Cosquer. Die Mérens ähneln den dort immer wieder dargestellten Urpferden ungemein und so ist es vermutlich nicht zu verwegen, anzunehmen, dass sie tatsächlich von den französischen Urpferden abstammen – und die einzige Rasse sind, die seit damals ohne große Fremdeinflüsse geblieben ist.

So kommt es, dass man in der alten, französischen Literatur über Pferde den Mèrens fast nirgends erwähnt findet. Er führte ein Nischendasein – und in dem konnte er so ungestört gedeihen, dass er heute noch als eine der durchgezüchtetesten Rassen gelten darf. Das allerdings hat ihn schließlich doch über die Pyrenäen hinaus verbreitet. Irgendwann wurde nämlich die staatliche, französische Gestütsverwaltung auf die Mérens-Pferde aufmerksam und in einem ihrer gelungenen Eingriffe in die Zucht führte sie Mérens-Hengste als Veredler für andere Ponyrassen aus – und schließlich landeten einige von ihnen sogar in den damaligen französischen Kolonien in Schwarzafrika, um die dortige Pferdezucht zu verbessern. Es ist ihnen gelungen – ihre guten Eigenschaften vererben sich über Generationen.

Dass das immer noch so ist, ist größtenteils das Verdienst eines Mannes: *Olivier Courthiade*. Jasper Nissen schreibt über ihn, der bereits als Schüler von den Mérens-Pferden begeistert war: »... erhielt 1971 bei einem Studentenwettbewerb einen ersten Preis für ein von ihm erarbeitetes Projekt zu ihrer Erhaltung. Damals war die Mérens-Zucht aufs äußerte gefährdet, einmal dadurch, dass es aufgrund der allgemeinen Motorisierung bis in den hintersten Winkel keine Absatzmärkte mehr gab, zum anderen durch die ... allgemeine Überalterung der Züchter. Es herrschte die Auffassung, dass mit dem Aussterben der älteren Generation auch die Mérens aussterben würden.[12]«

[12] Jasper Nissen, »Enzyklopädie der Pferderassen, Band 2«, Kosmos, Stuttgart, 1998, S. 350

Durchgezüchtet – Mérens wurden als Veredler für andere Ponyrassen eingesetzt.

Tatsächlich war es, als *Olivier Courthiade* die Arbeit schrieb, mit der er auf das drohende Aussterben der Mérens aufmerksam machte, schon knapp geworden. 1901, als die Rasse offiziell anerkannt worden war, hatte es 12 Hengstlinien gegeben. 1971 gab es nur noch eine, die auf den 1947 eingetragenen Hengst Vigoreux zurückging. Von ihm stammen alle heute lebenden Mérens ab. Doch inzwischen ist die Gefahr des Aussterbens gebannt. Courthiade hat Nachfolger gefunden, die Mérens werden wieder verstärkt gezüchtet und sind inzwischen als stabile, liebenswerte Reitponys für Sport und Freizeit in Frankreich beliebt genug, dass sie wohl auch in Zukunft überleben werden.

Schick und selten: Poney corse

Wenn unsereins »Pony« sagt, dann meint er meist auch »Pony«: Einen Pferdewinzling, der meist unter 140 Zentimeter Schulterhöhe hat. Sagen die Franzosen allerdings »Poney«, dann kann es durchaus auch einmal ein wenig größer sein – so wie zum Beispiel die Poney Corse, die bei uns mit 155 bis 158 Zentimeter Stockmaß zu den Großpferden gerechnet würden (wobei sie, zugegeben, Kleine unter den Großen wären).

Auch ansonsten sind die Korsischen Ponys nicht unbedingt das, was wir uns unter »Pony« vorstellen. Sie sind weder wuschelig-knuddelfreudig noch können sie mit den sonst üblichen Ponymausöhrchen dienen, sondern sind im Gegenteil ausgesprochen edle Tiere. Und das ist auch kein Wunder, denn sie werden manchmal auch »Korsischer Anglo-Araber« genannt und stammen eindeutig von orientalischen Pferden ab.

Wann und wie sie auf die Insel gekommen sind, ist heute nicht mehr zu klären. Korsika wurde im Lauf seiner Geschichte von unzähligen besiedelt und besetzt. Angefangen von den Phöniziern, den Griechen und Etruskern, die auf Korsika Handelsniederlassungen hatten, lebten dort Römer, Sarazenen, Mauren, Spanier und schließlich Franzosen. Und vermutlich hat jedes Volk, das mehr oder minder lange auf Korsika heimisch war, Pferde mitgebracht, die sich mit den einheimischen Pferden kreuzten.

Deutlich arabisch geprägt – die Poney Corse.

Harte Aufzucht – Poney Corses leben wild in karger Umgebung.

Was dabei herausgekommen ist, ist ein sehr edles Pferd mit auffallendem Springvermögen, meist braun oder schwarz mit wenigen Abzeichen, Füchse und Schimmel sind ausgesprochen selten.
Manchmal sind die korsischen Ponys ein wenig verstellt – vorne x, hinten o. Aber das scheint sie nicht zu behindern, denn auf den kargen Böden unter der heißen Sonne Korsikas wächst eine ausgesprochen zähe Rasse auf. Dabei ist die Wild-Haltung traditionell. Die Pferde leben ganzjährig im Gelände, sie werden nur einmal im Jahr eingefangen, dabei werden die künftigen Reitpferde herausgefangen.

Unsere wilden Nachbarn: Freie Pferde in Deutschland

Es hat in Deutschland einmal wilde Pferde gegeben. Das ist nicht nur durch Knochenfunde belegt, sondern auch durch eines der ältesten Kunstwerke der Menschheit, das aus der Steinzeit stammende Steinheimer Pferdchen. Doch je mehr das Land besiedelt und kultiviert wurde, desto enger wurde es für die Wildlinge. Sie starben aus, doch sie hinterließen Spuren. Ihr Gene lebten in den halbwild gehaltenen Pferden der Germanen fort und von ihnen sind sie – wenn auch nur noch in feinsten Spuren – vermutlich auch auf die letzten wild lebenden Pferde in Deutschland überkommen.

Dass es davon nur noch so wenige gibt, liegt vermutlich daran, dass Deutschland extrem dicht besiedelt ist. Doch im Mittelalter war das noch nicht so. Damals war – vor allem in Mitteldeutschland – die Pferdehaltung noch ähnlich derer, die wir bei den Franzosen schon kennen gelernt haben: Die Pferde lebten das ganze Jahr frei auf den so genannten »Wildbahnen«, großen, aber abgegrenzten Gebieten, auf denen die Bauern der Gegend Weiderecht hatten und dementsprechend ihre Pferde laufen ließen.

Besonders beliebt war die Wildbahn-Haltung in Westfalen. Dort waren mehrere große Wildbahnen wie zum Beispiel die Davert, in der die »Davertnickel« gezogen wurden oder die Wildbahn, die sich im Westen im Gebiet des Steverbruchs anschließt. Auch im Kreis Beckum im Münsterland gab es mehrere, weit über die Landesgrenzen hinaus bekannten Wildbahnen, in denen zum Beispiel das »Klei-Pferd« gezüchtet wurde. Und auf der Senne, dem um das Jagdschloss Lopshorn der Herzöge von Lippe gelegene Gebiet am Südhang des Teutoburger Waldes, wuchsen die Senner heran, die einst eine der begehrtesten Rassen in Europa waren, heute aber nur noch als stark bedrohte Rasse in ganz wenigen Exemplaren erhalten sind. Ihre Wildbahn haben die Senner erst vor wenigen Jahren zurückbekommen.

Eine Wildbahn hat sich aber über die Jahrhunderte hindurch erhalten – die im Merfelder Bruch bei Dülmen. Und auf ihr leben heute die bekanntesten wilden Pferde Deutschlands.

Europäischer Gencocktail: Die Dülmener

»Wildpferde« darf man die Dülmener auch nicht mehr nennen, obgleich in ihrem Gencocktail wahrscheinlich noch ein paar Gene vorhanden sind, die sich auf die in Deutschland lebenden Urpferde zurückführen lassen. Aber »rein« ist es schon lange nicht mehr – im Gegenteil. Die Dülmener Ponys sind heute eine bunte Mischung aus vielen, zum Glück meist recht ursprünglichen nordeuropäischen Rassen.

Die »Vermischung« begann wahrscheinlich schon während der Völkerwanderung. Damals gab es mit hoher Wahrscheinlichkeit schon Pferde auf der Dülmener Wildbahn und zu ihnen gesellten sich dann die, die bei den vorbeiziehenden und oft ja für Monate rastenden Völkern entlaufen waren. In den nächsten Jahrhunderten bekamen sie immer wieder Zuwachs durch entkommene Bauernpferde, vermutlich verwilderten auch in den diversen Kriegen, von denen Westfalen betroffen war, einige Pferde auf der Wildbahn, dazu kam dann noch, dass der Merfelder Bruch viele Jahre lang von Bauern und Kätnern als Gemeinschaftsweide benutzt worden war.

Im typischen Wildpferdelook – Dülmener Stute mit Fohlen.

Das änderte sich im frühen 19. Jahrhundert. 1803 war der Merfelder Bruch in den Besitz der *Herzöge von Croy* gekommen, 1845 setzten sie durch, die 500 Hektar Weiden dort künftig alleine nutzen zu können. Dazu mussten dann erst einmal die ungefähr 150 frei lebenden Pferde dort eingefangen und aufgeteilt werden. Übrig blieben bei dieser Aufteilung etwa 20 Ponys, die in den Besitz des Herzogs *Alfred v. Croy* übergingen. Er beschloss, sie künftig auf einem festeingesetzten, damals ungefähr 30 Hektar großen Areal halbwild zu halten.

Tradition und Eingriffe von außen

Die Ecke, die der Herzog für seine Ponys ausgesucht hatte, war Land, das er nicht anderweitig verwenden konnte: Ödland, Urwald, Erlen- und Weidenbruch, Dickicht, Torfböden und Feuchtgebiete, ein paar Heideflächen – ein ideales Refugium für Pferde, das ihnen nicht nur Futter, sondern auch Versteckmöglichkeiten und weitgehende Ungestörtheit bot. Und tatsächlich: In den nächsten 100 Jahren wurden die Ponys auf der Wildbahn weitgehend sich selbst überlassen.
Es war ihr Pech, das nach dem Ersten Weltkrieg ein paar »Spezialisten« auf sie aufmerksam wurden – und prompt meinten, durch Einkreuzung von Fremdblut eine beginnende Inzuchtdepression vermeiden zu müssen. Welsh-Hengste der Sektion A und B sollten den kleinen Wildlingen … ja, was sollten sie ihnen eigentlich geben? Die Welsh Ponys sind vom Arabischen Volblut geprägte zierliche, edle Pferdchen. Den damaligen Dülmener dagegen sah man immer noch die Verwandtschaft zum nordischen Urpferd an.
Das Ergebnis solcher Kreuzungen zwischen zwei sehr verschiedenen Rassen kennt man inzwischen: In der ersten, der so genannten »F1-Generation«, kommt es zu einer starken Verbesserung – so stark, dass zum Beispiel Blumenzüchter heutzutage sehr stark auf diesen Effekt setzen. Viele von den tollen Schnittblumen, die wir heute in Geschäften kaufen oder in unseren Gärten pflanzen, sind solche Kreuzungsprodukte – die so genannten »Hybriden«. Sie zeigen die besten Eigenschaften beider Elternteile. Im Fall der Dülmener kann man annehmen, dass die F1-Generation so robust und gelassen wie ein Dülmener war, aber dazu den Adel der Welsh-Vorfahren geerbt hatte.
Das Problem ist nur: Mit Hybriden kann man nicht weiterzüchten. Bei den Enkeln, der so genannten F2-Generation wird die Gen-Mischung unkalkulierbar. Es kommt zu Streueffekten und so kann es sein, dass das Fohlen einer edlen F1-Stute eben nicht die positiven Eigenschaften der Großeltern erbt, sondern sich eine Mischung ergibt, die eher negativ wirkt.
Im Fall der Dülmener wird das von Jasper Nissen so beschrieben: »Leider wirkte sich der Einfluss der Welsh-Hengste nachteilig aus auf die Konstitution der Pferde. Die viel gerühmte Genügsamkeit und Härte ging verloren.

Wachsam – junge Stute auf der Dülmener Wildbahn.

Unerwünschte weiße Abzeichen an Kopf und Gliedmaßen traten auf, untypisch für ein 'Wildpferd'.[13]«
Immerhin fiel das auch den Verantwortlichen auf – und sie ruderten zurück: Nach dem Zweiten Weltkrieg setzte man in Dülmen nur noch Hengste aus sehr ursprünglichen Rassen wie zum Beispiel Exmoors, Huzulen und Halbblut-Mongolen (ja, Sie können davon ausgehen, dass die einiges Przewalski-Blut mitbrachten) zur Blutauffrischung ein.

Ganz wichtig war dabei der polnische Konikhengst Nougat XII aus dem Gestüt Popielno. Der 132 Zentimeter große Mausfalbe vererbte durchschlagend – seine Genügsamkeit, seine Härte, seine Wildpferdepoints und natürlich seine Farbe. Mit ihm und einigen weiteren Hengsten aus Popielno wurden die Dülmener zu den Pferden, die sie heute sind.

Fast fertig

Waren es die Koniks oder der Einfluss von Klima und Scholle, der dafür gesorgt hat, dass die Dülmener in den letzten 50 Jahren wieder zu sehr ursprünglichen Pferden geworden sind? Man kann wohl davon ausgehen, dass beides eine Rolle gespielt hat – und dass die Dülmener, nun, da sie wieder reingezüchtet werden, in den nächsten 50 Jahren noch deutlicher ihre Eigenschaften ausprägen werden.
Bis jetzt nämlich kann man noch drei verschiedene Typen erkennen. Da sind zum einen die kleinen Braunen – durchaus edel, aber dabei mit deutlichen Urpferde-Points wie zum Beispiel einem Mehlmaul, dem Spiegel und Aufhellungen am Bauch. Sie erinnern an die Exmoor-Hengste,

[13] Jasper Nissen, »Enzyklopädie der Pferderassen, Band 1«, Kosmos, Stuttgart, 1998, S. 229

Braun mit Aalstrich –
Dülmener im Exmoor-Typ.

Alljährlich ein Volksfest – Wildpferdefang in Dülmen.

die zur Blutauffrischung in Dülmen eingesetzt wurden. Der zweite Typ erinnert an die Koniks: Ein größerer Mausfalbe mit Aalstrich und sehr häufig Zebrastreifung im unteren Teil der Beine. Dieser Typ ist manchmal etwas »gröber«, der Kopf ist länger und schwerer, sie haben oft eine Neigung zum Unterhals.
Der dritte Typ erinnert ein wenig an die Przewalskis: Gelbe bis hellbraune Falben mit Aalstrich und Zebrastreifung, deutlich größer als der zweite Typ.
Abzeichen kommen bei allen Dülmener Typen kaum vor und sind auch nicht erwünscht, Schimmel gibt es nicht und auch Füchse sind sehr selten.
Wenn weiterhin reingezüchtet wird, kann man annehmen, dass sich die drei Typen in den nächsten Jahren wieder vermischen werden bis irgendwann Einheitlichkeit erreicht und der Dülmener Typ endgültig konsolidiert ist.

Zu Besuch in der Dülmener Wildbahn

Der Geruch nach Grillwürstchen und Bier liegt über der Arena, die Maisonne wärmt 30.000 Zuschauer, die erwartungsvoll auf den Eingang schauen, an dem junge Männer in blauweiß gestreiften Kitteln mit rotem Halstuch warten. Und dann eine Staubwolke, das Geräusch unzähliger Hufe dröhnt über die Wildbahn, eine Masse von braunen Pferdekörpern ergießt sich in den Kessel, der rasch hinter ihnen geschlossen wird. Die Herde galoppiert, die Mähnen und Schweife fliegen, Unruhe verbreitet sich, man meint, die Angst der Tiere riechen zu können. Erst langsam, nach einigen Runden, beruhigen sie sich, die ersten, ganz Mutigen, bleiben stehen und schauen ins Publikum; Fohlen schmiegen sich an die Schultern ihrer Mütter. Nun werden die blaubekittelten jungen Männer aktiv. Sie trennen die

Einjährigen von der Herde und fangen sie ein. Bei manchem Junghengst braucht es drei Mann, um ihn festzuhalten und nieder zu ringen, manche kleine Stute ergibt sich früher in ihr Schicksal. Und dann kommt das glühende Eisen mit dem Zeichen der Herzöge von Croy, mit einem Zischen markiert es die linke Sattellage der Jungpferde. Der Schreck und der Schmerz hält nur kurz an, schon bald stehen die Kleinen wieder auf ihren Hufen. Die Stuten dürfen zurück zur Herde, doch die Junghengste werden abgesondert – ein großer Teil von ihnen wird noch an diesem Tag bei der Versteigerung einen neuen Besitzer finden und die Wildbahn, auf der sie eingefangen wurden, nie wieder sehen.

Der Wildpferdefang in Dülmen – immer am letzten Samstag im Mai – hat Tradition. Er ist eine der wenigen Chancen, einen echten Dülmener zu erwerben – und für die

Pferde der einzige Tag, an dem sie in engem Kontakt mit Menschen sind. Ob sie das unbedingt mögen, kann man in Frage stellen. Aber da sie sonst das ganze Jahr ungestört leben dürfen, verkraften sie es auf jeden Fall. Wären sie wirkliche Wildpferde in einer intakten Natur, müssten sie ja damit rechnen, öfter als einmal im Jahr durch irgendeinen Fressfeind in die Flucht geschlagen zu werden.

Deutschlands älteste Rasse – Die Senner

Einst waren sie die absoluten Exportschlager, ja, sie standen in vielen Fällen stellvertretend für alle deutschen Pferde: Die Senner, die älteste und eine der edelsten deutschen Rassen. Ihre Schönheit, ihr Adel, ihre Härte, ihre Vielseitigkeit machten sie als Reit- und Kutschpferde überall beliebt, dementsprechend teuer wurden sie bezahlt. Dementsprechend ausführlich wurde auch in alten Pferdebüchern über sie geschrieben. In einigen findet sich dann auch etwas über die Geschichte der Senner und ihren Ursprung: Sie sollen – und als Quelle sind alte Volkserzählungen angegeben – von den Pferden abstammen, die die Germanen im Jahre 9 n. Chr. im Verlauf der Hermannschlacht von den römischen Truppen erbeutet haben. Und diese Abstammung erkläre dann ihren Adel – die Pferde der Römer, so nahm man an, seien sehr von den spanischen (also vermutlich Sorraias) und orientalischen Einkreuzungen geprägt gewesen.

So schön die Geschichte klingt, so wenig wahrscheinlich sieht sie im Licht heutiger historischer Erkenntnisse aus. Das beginnt damit, dass die Hermannschlacht nicht, wie früher angenommen, in dieser Gegend des Teutoburger Waldes stattgefunden hat, sondern vielmehr ein gutes Stück entfernt in Kalkriese in der Nähe von Osnabrück. Die Wahrscheinlichkeit, dass die Germanen dort eroberte Pferde über Land gebracht und dann in dem weiträumigen Heidegebiet an den Quellen von Ems und Lippe am südwestlichen Hang des Teutoburger Waldes ausgesetzt haben, ist schlichtweg sehr gering.

Wild, edel und sehr selten – die Senner.

Hassel und Ekke

Also kann man davon ausgehen, dass die Senner – wie auch die Dülmener – auf einheimische Urpferde zurückgehen. Dafür, dass es schon vor der Hermannschlacht Pferde im Südwesten des Teutoburger Waldes gab, sprechen nämlich alte Flurnamen wie zum Beispiel »Hasselbach« oder »Hasselholz« – »Hassel« stand für »Fohlen«. Und die »Eckelau«, das Waldgebiet zwischen der Kammersenne und dem heutigen Haustenbeck, war wohl ebenfalls Heimat einer wilden Pferdeherde – »Ecke« oder »Ekke« ist eine der frühen Bezeichnungen für »Stute«.

Vermutlich hat dann auch das eine oder andere Fremdpferd während der Völkerwanderung in ihrem Genpool seine Spuren hinterlassen, es mag auch sein, dass ein paar römische Pferde mitgespielt haben – aber eine vorwiegende Abkunft von den römischen Pferden ist nicht zu vermuten.

Darum ist es vermutlich nicht zu spekulativ, wenn man den Adel der Senner späterem Fremdbluteinfluss zuschiebt, denn immerhin wurde schon 1722 im Gestüt in der Senne nachweisbar ein Beschäler arabischer Abstammung, der Hengst Petit Maitre, eingesetzt. Und 1794 war dann Lothario, ein Vertreter der englischen »Courser«, ebenfalls einer Vollblutrasse, im Lopshorner Senner-Gestüt im Einsatz.

Vermutlich hat es aber schon davor im ältesten Gestüt Deutschlands Fremdhengst-Einsätze gegeben. Unter »Aufsicht« jedenfalls waren die Pferde, die das ganze Jahr über im Freien waren, schon sehr viel früher: Im Jahr 1160 schenkte Bischof *Bernard von Paderborn* dem Kloster Herwidehausen (heute Hardehausen bei Warburg) ein Feld namens Druc (heute Veldrom, ungefähr fünf Kilometer südlich von Horn/Lippe) und damit »den dritten Teil seiner wilden Stuten«, die sich in der Gegend aufhielten. Und »wilde Stuten« bedeutete damals ganzjährig im freien weidende Pferde, die von berittenen Hirten gehütet wurden. Dass die Pferde in dieser Urkunde erwähnt sind, zeigt, dass sie wertvoll waren – und darauf deutet auch ein späteres Dokument hin: Der »Westfälische Landfrieden«. In seinen Bestimmungen ist die Rede von »wilden« Pferden und davon, dass sie unter besonderem Schutz zu stehen haben. Diebstahl und Raub wurde strengstens bestraft.

Von wegen und »gute, alte Zeit«

Der besondere Schutz, unter dem die Pferde standen, scheint den frühen Sennern gut bekommen zu sein. Als Gräfin *Anna zur Lippe* die »wilden« Pferde 1493 zählen ließ, kam sie auf einen Bestand von insgesamt 64. Darunter waren 23 Mutterstuten mit 18 Fohlen – eine erstaunlich hohe Quote von 78 %, die zeigt, dass es den Sennern damals auf ihrer Wildbahn sehr gut ging.

Auch in den nächsten Jahren gediehen sie prächtig. *Graf Simon VI. zur Lippe* (1554–1613) meldete nämlich schon einen Bestand von 200 Stuten – und in einer seiner Urkunden taucht 1541 das erstemal der Begriff »Senner« auf. Zu dieser Zeit waren die schönen Pferde schon sehr begehrt – Graf Simon setzte sie mit Vorliebe als Gastgeschenke ein. In mehreren Briefen von ihm sind die »hervorragenden Streitrosse« erwähnt, die er – vor allem als politisch motivierte Schenkungen – an andere, hochgestellte Persönlichkeiten weitergab.

Die Zeit zwischen 1618 und 1648 war turbulent. Der Dreißigjährige Krieg tobte, Pferde waren begehrte Beute und so wurde die Senne mehrfach von marodierenden Truppen geplündert. So klagte denn auch Graf Simons Sohn 1632 darüber, dass seine »wilde Stuterey« in der Senne größtenteils entführt worden sei.

Mit dem Rest, der zurückgeblieben war, wurde dann in den Friedensjahren das Gestüt wieder aufgebaut – wobei der Standort 1684 nach Lopshorn in die Nähe des 1685 vollendeten gräflichen Jagdschlosses verlegt wurde. Ab 1713 gibt es dann jeweils genaue Angaben über den Bestand, wobei die Beschälerzahl (oft übrigens zugekaufte Hengste) zwischen sieben und 13 schwankte – zuständig für ungefähr 130 bis 140 Stuten.

Die Haltungsbedingungen in diesen Jahren setzten immer noch auf »wild«: Die Stuten waren das ganze Jahr im Freien, nur in ganz harten Wintern wurde ein wenig zugefüttert. Dabei kamen nur die härtesten durch. *J. G. Prizelius,* der von 1768 bis 1774 das gräfliche Gestüt leitete, schrieb denn auch über die Winterkondition seiner Stuten, dass sie so mager geworden seien, »dass ein jeder, dem diese Pferde unbekannt sind, sie für die elendesten Tiere hält.[14]«. Tatsächlich hatte das Senner-Gestüt auch nach jedem Winter Verluste zu melden – so zum Beispiel

Zurück auf der Wildbahn – die Senner.

nach dem besonders harten Winter von 1719 auf 1720. Da waren von einer 146 Kopf starken Herde nur 98 durch den Winter gekommen – 26 Mütter und 22 Fohlen hatten Eis, Schnee, Sturm und Futtermangel nicht überlebt.

So hart das für uns klingt – es war diese knallharte Selektion, die den Senner zu einem besonders widerstandsfähigen Pferd gemacht hat. Dennoch wurde 1803 die Winderwaldweide aufgegeben – die Verluste waren zu hoch geworden. Ab da hielt man die Fohlen und Stuten während der kältesten Monate im Stall.

In dieser Zeit erlebte das Senner-Gestüt seine Hochblüte. In Lopshorn wurden mittlerweile auch Vollblüter gezüchtet und immer wieder für die Veredelung der Senner eingesetzt, die daraus entstehenden, sehr schicken Reitpferde waren sehr begehrt und wurden hoch bezahlt.

Niedergang ...

Doch 1876 begann der Niedergang. *Fürst Woldemar von Lippe* kam nach dem Tod seines Bruders an die Regierung und er war nicht interessiert an den Edelpferden in der Senne. Inzwischen hatte sich nämlich die Landwirtschaft elementar verändert – die Aufgabe der Dreifelderwirtschaft und die Umstellung auf Hackfrüchte führte dazu, dass die Bauern die Böden tiefer beackern und schwereres Gerät einsetzen mussten. Dafür brauchten sie schwere Arbeitspferde und die gedachte der Fürst ihnen zu liefern.

Daher reduzierte er erst einmal seinen Stutenbestand. Ein großer Teil wurde verkauft, ein paar von ihnen ans neu gegründete Preußische Hauptgestüt Beberbeck bei Hofgeismar, wo sie so zu Stammmüttern der Trakehner, Hannover und Westfalen wurden. Andere gingen verloren und Fürst Woldemars Versuch, sie durch schwere Cleveland-Bay- und Mecklenburger Stuten zu ersetzen, ging völlig daneben. Die Kaltblüter konnten sich mit der Senne nicht anfreunden. So wurden sie nach kurzer Zeit wieder abgeschafft, doch der Versuch, die alte Sennerzucht zu reaktivieren, gelang nur teilweise. Die Stuten waren schon zu verstreut, selbst Rückkäufe und der erneute Einsatz von Vollblut-Hengsten konnten das Senner-Gestüt nicht wieder zu seiner alten Höhe zurückführen.

[14] J. G. Prizelius, »Beschreibung des so bekannten Senner-Gestütes in der Grafschaft Lippe«, 1771

1919 verlor das lippische Fürstenhaus die Senner-Pferde. Sie gingen in den Besitz des neu konstituierten Landes Lippe über, das den Verband Lippischer Pferdezüchter mit der Fortführung der Zucht beauftragte. Dabei wurde aber nur ein Mindestbestand von 10 Pferden zur Auflage gemacht – und das konnte natürlich nicht genügen. Dementsprechend beschlossen die Nationalsozialisten 1935, die Senner-Zucht vollends aufzulösen. Trotz vehementer Proteste bedeutender Hippologen wurden die letzten 16 Senner, darunter 13 Mutterstuten, verkauft.

… und Wiedergeburt

Es ist einer niederländischen Privatzüchterin, *Julia Marie Immink*, zu verdanken, dass die Senner den Ausverkauf überstanden haben. Sie kaufte einige der verkauften Senner-Stuten und brachte sie in ihre Heimat zurück: Nach Schloss Lopshorn. Das gehörte nämlich immer noch den Herren zur Lippe – und sie erlaubten der Holländerin, die leerstehenden Stallungen und Gestütweiden für ihre Senner-Zucht zu nutzen.

Doch damit waren die Senner immer noch nicht aus dem Schneider. *Julia Marie Immink* konnte ihre Pferde zwar vom Kriegsdienst freistellen lassen, aber in den letzten Kriegsjahren war dann kaum mehr Futter für sie zu bekommen. Erst der Einmarsch der Amerikaner half der Züchterin und ihren Pferden aus der schlimmsten Not, doch im Sommer 1945 brannte dann Lopshorn. Schloss und Gestüt wurden geplündert, die Senner verloren ihre Heimat. *Julia Maria Immink* gab nicht auf. Sie zog mit ihren Pferden in die Stapellager Senne, einem reinen Heidegebiet. Doch dort verhungerten ihr im harten Winter 1946/47 drei Stuten und ein Fohlen, der Restbestand konnte nur durch eine Futterlieferung der britischen Besatzer gerettet werden. Doch dieser Rückschlag war dann selbst für die mutige *Julia Maria Immink* zu viel. Sie gab auf, sorgte aber dafür, dass ihre Zucht an der Tierärztlichen Hochschule in Utrecht und auf Gut Ottenhausen bei Lage weitergeführt wurde.

1965 fand sich ein neuer Senner-Freund: Der Detmolder *Karl-Ludwig Lackner* beschloss, auf seinem Spiekerhof eine Sennerzucht aufzubauen und machte sich auf die Suche nach Stuten. Er fand vier, von denen man zumindest sagen konnte, dass sie auf »Senner Grundlage« gezüchtet sind. Als Beschäler setzte er dazu – wie schon in alten Zeiten – Araber, Anglo-Araber und Englische Vollblüter ein. Seine Bemühungen führten dazu, dass die Senner 1993 in die World Watch List der FAO der Vereinigten Nationen sowie in die EAAP (Genetische Datenbank der Tierärztlichen Hochschule Hannover) für bedrohte Tierrassen aufgenommen. Und fünfzig Jahre, nachdem das Stutenregister der Sennerzucht geschlossen wurde, erstand es dann wieder neu – die Senner sind zurück, wenn auch als eine sehr kleine und immer noch bedrohte Rasse.

Zurück auf der Senne

Wenn die Senner nur eine der ältesten Rassen Europas gewesen wären, hätten wir hier kaum über sie reden müssen. Aber sie waren einst wild lebende Pferde – und sie sind es heute wieder. Nach vierjähriger Vorbereitung wurden nämlich Ende Mai 2000 wieder Sennerpferde in die Moosheide, ein Naturschutzgebiet in der Senne, nahe der Stadt Hövelhof, entlassen. Die Biologische Station Senne e. V. und die Arbeitsgemeinschaft Senner Pferde überwachen das Experiment, denn viel mehr ist es im Moment nicht. Es sind nur eine Handvoll Pferde, die in die Senne zurückgekehrt sind – vier Wallache aus dem Bestand des *Karl-Ludwig Lackner*, eine Stute und ein im Juli 2000 in der Senne geborenes Fohlen. Aber von diesen wenigen Vertretern ihrer Rasse erhofft man sich wichtige Aufschlüsse, denn das Projekt soll nicht nur den Pferden dienen, sondern auch der Landschaft.

Auf der Webseite der Biostation Senne liest man dazu: »Grundsätzlich sollte man versuchen, Flächen, die zu ihrer Erhaltung regelmäßig beweidet werden müssen, mit den Tierarten weiter zu nutzen, die in früheren Jahren zur Entstehung der Landschaft beigetragen haben. In der Senne liegt es daher nahe, auch Pferde in der Landschaftspflege einzusetzen, da sie mehr als 700 Jahre lang ein Element der Heide- und Sandlandschaft dieser Region waren.[15]«

[15] Peter Rüther, Webseite der Biologischen Station Senne, www.biostation-senne.de/ngsmoosheide-senner.htm

Hoffen wir, dass der Versuch mit den Sennern gelingen wird und dass bald wieder mehr wilde Pferde in Deutschland weiden.

The little horses: Englands wild lebende Ponys

England ist Pferdeland – und das seit Jahrtausenden. Vor ungefähr 30.000 bis 10.000 Jahren wanderten europäische Urpferde über eine damals noch bestehende Landbrücke dort ein. Sie blieben, als die Insel sich vom Kontinent löste, sie sind in unzähligen Grabungen nachweisbar und wie in vielen anderen Ländern: Die Geschichte der englischen Pferde ist inzwischen untrennbar mit der Geschichte der Menschen auf der Insel verbunden.

Die frühesten Zeugnisse des Zusammenlebens zwischen Menschen und Pferden finden sich – wie auch in anderen Ländern – in der Sprache. Vom altkeltischen Wort »Rhedia« für Rad ist zum Beispiel das Wort »Rhediad« – Rennen – abgeleitet, was darauf schließen lässt, dass schon die Kelten Wagenrennen austrugen. Und dass die Römer Worte aus dem keltischen übernommen haben – wie zum Beispiel das mittellateinische »paraveredus« für »Handpferd« (übrigens das Wort, aus dem dann unser »Pferd« wie auch das französische Palfroi geworden ist) – lässt ver-

Fellponys – sie gehören zu England wie Early Morning Tea und Pubs.

muten, dass die Kelten in Sachen Pferdehaltung und -zucht schon ein wenig weiter waren als die Römer, die unter *Julius Cäsar* 55/54 v. Chr. zum erstenmal auf der Insel landeten.

Die Pferde der Kelten waren – so jedenfalls lassen Ausgrabungen vermuten – den heutigen Exmoor Ponys sehr ähnlich: Kleine, kräftige Arbeitspferde, robust und langlebig. Und wie wichtig sie für die Kelten waren, zeigt das berühmte »Book of Kells«, eine der ältesten Handschriften der Menschheit, das heute in Dublin aufbewahrt wird. In ihm finden sich unter den mannigfaltigen Verzierungen auch schon stilisierte Darstellungen von Pferden und Reitern.

»Down to earth« – englische Ponys werden nicht verzärtelt.

Unter römischer Herrschaft

Großbritannien wurde mehrfach in seiner langen Geschichte eingenommen – und jedes mal wirkte es sich nicht nur auf die Menschen, sondern auch auf die Pferde aus. Bei der ersten Fremdherrschaft – der der Römer zwischen 43 bis Anfang des fünften Jahrhunderts – waren es aber gar nicht so sehr die Pferde der Eroberer, sondern die ihrer Hilfstruppen, die großen Einfluss gewannen. Die Römer hatten zur Errichtung des Hadrianswall (ca. 122 bis 136 n. Chr.) Friesen angeheuert und die kamen zusammen mit ihren Pferden – damals schon bedeutend größer und kräftiger als die englischen Einheimischen. Von ihnen nimmt man an, dass sie die Vorfahren der Dales- und Fell-Ponys wurden.

Und nordische Pferde und Helfer waren es dann auch, die die frühen Engländer schließlich wieder von den Römern befreiten: Angeln, Sachsen und Jüten eroberten 449 unter ihren Heerkönigen *Hengist* und *Harsa* mit ihren Drachenbooten und natürlich Pferden die Insel und vertrieben die Römer. Und was Pferde für sie bedeuteten, zeigen schon die Namen ihrer Anführer: »Hengist« steht für »Hengst« und »Horsa« für »Ross, Pferd« – und die beiden Herren verstanden sich als Nachfahren von Odin (Wotan), dem germanischen Gott, der nach der Saga auf dem achtbeinigen Hengst Sleipnir unterwegs ist. Bei den Sachsen und den ihnen verbundenen Angeln und Jüten gab es schon damals eine hochentwickelte Pferdezucht, man kann also davon ausgehen, dass die Eroberer auch in England die Pferdezucht organisierten.

Jedenfalls hat England einen der frühesten Erlässe zu diesem Thema zu bieten, den es überhaupt gibt: Nachdem die Wikinger christianisiert und 955 ein gesamtenglisches Reich unter *König Aethelstan* geschaf-

Vom Seewind verweht – Shetland-Pony.

fen worden war, erließ der ein Pferdezuchtgesetz und ein Ausfuhrverbot für die heimischen Pferde.
Wahrscheinlich wurden schon damals zwei Typen gezüchtet – darauf weist jedenfalls der berühmte Teppich von St. Vigor de Bayeux hin. Auf ihm, dessen Fertigung der Frau von *Wilhelm dem Eroberer*, der *Königin Mathilde* und ihren Hofdamen zugeschrieben wird, ist nämlich die Eroberung Englands durch *Wilhelm* 1066 bei der Schlacht von Hastings dargestellt – und da sind eindeutig zwei Pferdetypen zu erkennen: Da sind auf der einen Seite die Streitrosse der Wikinger und Sachsen – große Tiere mit edlen Köpfen und schön geschwungenen Hälsen, breiter Brust und kräftiger Schenkelbemuskelung. Es sind aber auch Ponys zu sehen – kleine, dunkle, wohl im Typ eines heutigen Exmoor Ponys stehende Typen, die zudem mit den bis in unsere Zeit gebräuchlichen Lastkörben, den so genannten »Creels«, behängt sind.

Zwei-Klassen-Gesellschaft auf vier Beinen

Die Gegensätze zwischen den beiden Pferdetypen – dem Streitross für den edlen Herrn und dem Robustpony für den Bauer – vertieften sich in den nächsten Jahrhunderten. Während sich auf den königlichen Gestüten und beim Adel die ehemaligen Streitrosse durch fleißige Einkreuzung orientalischen und spanischen Blutes in edle Reitpferde verwandelten – ja, schließlich sogar in das Englische Vollblut – blieben die Ponyzuchten von den unzähligen Eingriffen durch die Obrigkeit nahezu unbehelligt. Die Bauern züchteten die Pferde so, wie sie sie brauchten: Nicht zu groß und damit genügsam, zäh, robust und stark. Und da viele von ihnen in ausgesprochen unzugänglichen Gebieten wie zum Beispiel auf den Shetland-Inseln, gar den stürmischen Äußeren Hebriden oder den Hochmooren der Peninnes im Norden Englands zuhause waren, gab es über Jahrhunderte keine fremden Einflüsse.
Die Ponys – vermutlich alle auf einen gemeinsamen, von den frühen Urpferden abstammenden Archetyp zurückgehend – entwickelten sich dann in der Abgeschiedenheit zu eigenständigen Rassen, jeweils ihrem speziellen Habitat und den dortigen Erfordernissen angepasst. Das hat England zu einer Varietät an Ponys verholfen, die so sonst nirgends zu finden ist.
Heute allerdings ist sie gefährdet – und das nicht nur, weil es auch in England zunehmend eng wird, so dass die traditionelle Wildhaltung immer schwieriger wird, sondern auch, weil England das Land der Ponyreiter ist. So gut es nun aber ist, einen Markt für Ponys aller Größen zu haben, so groß ist hier auch die Gefahr, dass zu viel gekreuzt und durcheinander gemischt wird. Dem entgegen steht aber zum Glück ein in letzter Zeit zunehmendes Bewusstsein für die Besonderheit der einzelnen Rassen und damit verbunden, die Gründung von Interessen- und Zuchtgemeinschaften, die sich bemühen, die verschiedenen »native ponies« auf der Insel in Reinzucht zu erhalten und weiterhin weitgehend unbeeinflusst vom Menschen wild aufwachsen zu lassen.

Die Herzchen: Dales Ponys

Die Peninnes, eine Bergkette im Norden Englands sind eine raue Gegend. Ewiger Wind und dauernder Regen prägen die Hochtäler des Tyne, des Wear und des Teas, die steinigen Felder tragen wenig Frucht, auf den sauren Wiesen wird kaum Vieh satt. Doch die Dales, wie man die Gegend von North Rising auch nennt, hatten ihren Bewohnern früher etwas anderes zu bieten: In ihnen war Bleierz zu finden. Allerdings – die Bleiminen in Northumberland und Durham waren in unzugänglichen Gebieten. Das Bleierz musste von dort in Körben auf schmalen Saumpfaden bis zum Tyne gebracht werden, von wo es dann verschifft wurde.
Es waren oft an die 20 Packpferde, die mit ihren schwer bepackten Weidekörben, Nase an Schweif, nur von einem Reiter geführt, ihren Weg durch Nebel und Regen gingen – trittsicher, unermüdlich.
Um das zu leisten – Tag für Tag, Jahr für Jahr – brauchte es starke, robuste Pferde: Die Dales Ponys, aufgewachsen in halbwilden Herden, die ihr karges Futter auf den Hochflächen und an den felsigen Hängen suchen mussten, im Sommer und im Winter der Witterung ausgesetzt.
Vermutlich stammen sie auf der einen Seite – wie alle englischen Ponys – von den Steinzeitpferden ab, die auf die

Robust und hart im Nehmen – die Dartmoor-Ponys.

Insel eingewandert waren. Auf der anderen Seite dürften die Friesen für sie verantwortlich sein, die zum Bau des Hadrianwalles, der ja in Nordengland verläuft, eingeführt wurden. Allerdings wurden im vergangenen Jahrhundert beim Versuch, die Pferde zu vergrößern, Clyesdales eingekreuzt, doch seit einigen Jahren bemüht man sich wieder um Reinzucht.

Was man zu erhalten versucht, lohnt. Das Dales ist nämlich ein geradezu ideales Pony für Erwachsene. Mit bis zu 147 cm Stockmaß nicht eben klein geraten, meist Rappe, seltener Schwarzbraune und hellere Braune – Schimmel, Füchse und Schecken kommen nicht vor – zeigen die Dales ein ausgesprochen »pferdiges« Gesicht mit einem langen, geraden Profil, einer für Ponys auffallend schmalen Stirn und relativ langen Ohren. Dazu gehört ein gut aufgesetzter, aber kurzer, oft erstaunlich leicht und graziös wirkender Hals über mächtig bemuskelten Schultern und einem breiten, tragfähigen Rücken mit einer ausgesprochen üppigen Lendenpartie. Passend dazu haben sie kompakte Gliedmaßen und zeigen einen langen, ausholenden Schritt und einen energischen Trab. Galopp und Springen sind allerdings nicht ihre Spezialität, dafür sind sie nach wie vor ausgesprochen freundliche und auffallend intelligente Pferde.

In Moor und Matsch daheim: Dartmoor Ponys

Dartmoor – das klingt nach Mooren, über die Nebel wabert, nach ewigem Tröpfeln aus regennassen, vom Sturm gezausten Bäumen, nach Nächten, in denen Zwergsträucher sich unter dem Wind bücken – und tatsächlich: Das Dartmoor, ein Hochmoor- und Heidegebiet im Südwesten Englands, der Grafschaft Devon, ist eine der nassesten Landschaften auf der generell feuchten Insel. Man möchte dort nicht unbedingt seinen Urlaub verbringen – so man Mensch ist. Als Pony allerdings ist das Dartmoor eine geradezu ideale Gegend. Das Moorgras ist zwar hart und sauer, aber es wächst reichlich und ist nahrhaft. Und daneben gibt es immergrünes Buschwerk, Heide und Ginster. Im Winter bieten die Täler Schutz vor den Eisstürmen und unter dem Schnee findet sich immer noch trockener Adlerfarn, der im Sommer im grünen Zustand zwar giftig ist, aber im Winter keine Gefahr darstellt. Und im Sommer

dann, wenn in den Tälern Myriaden von Stechfliegen über dem Moor schwirren, steigen die Ponys auf die Berge hinauf, wo der Wind die Plagegeister vertreibt.
Obgleich uns das Dartmoor nicht eben einladend erscheint, ist es doch uraltes Siedlungsgebiet. Davon zeugen viele während der Megalithkultur (ca. 3000 v. Chr.) aufgestellte Steinsäulen, die so genannten »Menhire«. Allerdings ist nicht ganz klar, ob es während dieser Zeit schon Pferde im Dartmoor gegeben hat. Sicher angenommen werden kann aber, dass die Sachsen, die die Gegend um 700 n. Chr. herum in Besitz nahmen, ihre Pferde mitbrachten.
1012 wurden die Ponys im Dartmoor dann das erste mal urkundlich erwähnt – doch dann weiß man für viele, viele Jahre fast nichts mehr über sie. Man kann vermuten, dass sie von den Versuchen von *König Heinrich VIII* (1491–1547 – und ja, das war der Herr mit den sechs Ehefrauen), per Erlass den Einsatz von Ponyhengsten zu verbieten, wenig mitbekommen haben. Das Dartmoor war sehr weit weg

Mit »moor-sense« – Dartmoors bewegen sich auch in Sumpfgebieten absolut sicher.

von London, die Pferde dort lebten wild. Wenn irgendwelche königlichen Kommissare versucht haben, das Gesetz durchzusetzen, indem sie die Einheimischen zwangen, mit ihnen Pferde einzufangen, hatten sie wahrscheinlich wenig Erfolg. Die Dartmoor Ponys sind bekannt für ihren »moor sense« – ihr Vermögen, sich absolut sicher im Moor zu orientieren und damit auch an Stellen zu gelangen, die Menschen besser nicht betreten. So führten die Versuche, die Zucht »größerer« Pferde auf Kosten der Ponys zu fördern, wahrscheinlich nur zu einer verstärkten Selektion: Die cleversten, schnellsten und stärksten Ponys entkamen – und pflanzten sich im Moor ohne menschliche Aufsicht munter weiter fort.

Damals sah man ihnen das Wildpferd noch sehr an. Zwar ist nichts von einem Aalstrich berichtet worden, auch Falben waren und sind im Dartmoor eher selten – aber sie hatten sich ihrer Umgebung perfekt angepasst, in dem sie dunkelbraune Farbe zeigten, die im Dartmoor vorherrschend ist. Zusammen mit Spiegel und Mehlmaul waren sie damit fast perfekt getarnt.

Das half ihnen allerdings nicht viel, als die Britische Army das Dartmoor als Übungsgelände für sich entdeckte. Von 1873 hielt sie Übungen dort ab, ein paar Jahre später wurde dann gar ein Teil des Moors in einen regulären Truppenübungsplatz umgebaut. Dagegen regte sich schon bald Widerstand – schon 1883 wurde die »Dartmoor Preserveration Association« gegründet, die sich die Erhaltung der unberührten Dartmoor-Natur zum Ziel gesetzt hatte.

Es nützte nicht viel. Während des Zweiten Weltkrieges wurde das Dartmoor nicht nur für Übungen mit Panzern und als Schießplatz für die schwere Artillerie genutzt, sondern es wurde sogar ein Teil des Moores entwässert und zum Flughafen umgebaut. Bei Kriegsende waren es dann 72.000 Acres (ca. 32.000 Hektar) Moor, die vom Militär genutzt und teilweise unwiderbringlich zerstört worden waren und es dauerte noch Jahre – nämlich bis 1949 – bis die Army zumindest die Hälfte des Geländes für ein Naturschutzgebiet wieder hergeben musste.

Zu der Zeit gab es noch wilde Ponys im Dartmoor – Pferde, die nie in menschlicher Hand waren, die wie ihre Vorfahren im Moor geboren wurden, lebten und starben. Allerdings wurde ihre Zahl immer weniger. Sehr viele Ponys waren eingefangen und mit anderen Rassen gekreuzt worden – teilweise, um Polo Ponys zu erzeugen, wozu sich die robusten, wendigen Dartmoors als Ausgangsmaterial gut eigneten, teilweise auch in der Kreuzung mit Arabern, um sie zu veredeln und als Reitponys zu verkaufen. Eine Weile – vorwiegend in der zweiten Hälfte des 19. Jahrhunderts – wollte man sie auch »verkleinern«, um sie neben den Shetland-Ponys als Grubenpferde einsetzen zu können. Als man dann 1927 nach langen Vorgefechten endlich ein Dartmoor Pony-Zuchtbuch einführte, war der Bestand an reinen Dartmoor Ponys schon sehr zusammengeschmolzen, so dass man bei fast keiner der eingetragenen Stuten mehr ihrer Reinblütigkeit sicher sein konnte. Und weil man nun schon so weit war, kreuzte man dann auch in den ersten Jahren nach der Gründung des Stutbuches noch Fremdhengste ein – wobei da wenigstens eine gewisse Vorsicht waltete wie zum Beispiel beim Halbaraber The Lead. Er hatte zumindest eine vermutlich reinblütige Dartmoor-Großmutter – und ihr Blut schlug dominant durch und machte ihn zu einem wichtigen Vererber für die heutige Dartmoor-Zucht.

Nach 1957 hat man das Zuchtbuch dann aber doch geschlossen. Heute bekommen nur noch die Pferde den Dreiecksbrand der Dartmoor Society auf ihrer linken Halsseite, deren Abstammung auf eines der Pferde im ersten Zuchtbuch zurückzuführen ist.

Dafür scheint aber der Bestand der Rasse nun gesichert. Es gibt im Dartmoor wieder eine ganze Reihe freilaufender Herden, die allerdings nicht mehr ganz wild, sondern in den Händen von Privatzüchtern sind, die sich um sie kümmern. Zudem werden die hübschen und intelligenten Ponys heute auch außerhalb ihres ursprünglichen Habitats gezüchtet.

Vom reinsten: Eriskay Ponys

Habe ich eben von einem Urlaub im Dartmoor abgeraten? Wie bin ich nur darauf gekommen, wo es doch im Vergleich zur Heimat unserer nächsten Rasse geradezu gemütlich ist?

Eriskay – die Insel, auf der eine der reinsten englischen Ponyrassen daheim ist – gehört zu den Äußeren Hebriden und liegt gegenüber der Nordwestküste Schottlands zwischen South Uist und Barra. Mit nur vier Kilometern in der Länge und 2,4 Kilometer an ihrer breitesten Stelle ist Eriskay eine sehr kleine Insel – eigentlich nicht viel mehr als ein großer Felsen über stürmischem Meer. Ackerbau ist dort nicht möglich und Viehhaltung nur eingeschränkt, denn auf dem felsigen Boden wächst nicht viel. Dazu sind die Hänge auf der Windseite stark zerklüftet und fallen steil zum Meer ab, wo sie meist als schlüpfrige Klippen münden. Und auf der windabgewandten Seite gibt es auch wenig zu fressen – ein paar dürre Küstengräser, die sich in Dünen halten können und vielleicht trockener Tang. Wer als Tier dort überleben will, muss mutig, trittsicher und außerordentlich genügsam sein – wie die Eriskay-Ponys, die vermutlich vom schon erwähnten Hill Pony abstammen und zu Zeiten auf die Insel gekommen sind, als diese noch eine Verbindung zum Land hatte. Als diese Verbindung abbrach, bildete sich auf der abgeschnittenen Insel eine ganz eigene Rasse heraus, die vor allem durch eines auffällt: Die für so nahe am Urpferd stehende Ponys ungewöhnliche Schimmelfarbe.

Wie es dazu gekommen ist, kann niemand genau erklären. Gab es irgendwann einen »Mutanten« in Schimmelfarbe, der als Hengst besonders durchsetzungsfähig war? Oder erschien die weiße Farbe plötzlich durch eine Laune der Natur in einer Stutenfamilie, die sie dominant an ihre Nachkommen weitergab? Man weiß es nicht, aber man kann sicher sein, dass das Weiß nicht auf Fremdeinfluss zurückgeht und das nicht nur, weil auf Eriskay nachweislich nie ein fremder Hengst eingeführt wurde, sondern auch, weil die dunkel geborenen Eriskay-Fohlen noch heute oft die für »echte« Urpferde typische Zebrafärbung an den Beinen zeigen. Und ebenso wie das noch sehr im Urpferde-Typ stehende Exmoor Pony entwickeln die Eriskays im Winter ein sehr dichtes Deckhaar über einer ebenfalls sehr dichten, fettigen Unterwolle, die die Haut perfekt vor Nässe schützt.

Dem Habitat angepasst ist eine andere Besonderheit der Eriskays – fast alle haben ausgesprochen schmale, kleine Hufe mit hohen Trachten und nicht sehr stark ausgeprägtem Strahl. Dieser Huf hat sich auf dem felsigen Boden gebildet und ist geradezu ideal zum Klettern – was die Eriskays dann auch gerne und mit der Gewandtheit von Bergziegen tun.

Dass es nie sehr viele Eriskay-Ponys gab, ergibt sich schon daraus, dass ihre Insel so klein ist. Doch das schützte sie nicht davor, von Menschen besiedelt zu werden – wobei der größte Teil der zweibeinigen Bewohner von Eriskay von der Küstenfischerei lebt und daher nahe am Meer wohnt. Für sie waren die Ponys die einzige Möglichkeit, sich und ihre Güter auf ihrer Insel zu transportieren. Doch im 20. Jahrhundert kam es dann auch auf Eriskay zur Motorisierung – und damit drohte den Inselponys das Aussterben.

Um genau zu sein: Es hat ein kleines Wunder gebraucht, die Inselponys davor zu bewahren. Dieses kleine Wunder ereignete sich 1973, als die wenigen Enthusiasten, denen damals schon bewusst war, dass eine so seltene und über Jahrhunderte reingezogene Rasse wie die Eriskay als Bestandteil des equiden Genpotenzials unbedingt erhalten werden sollte, schon fast die Hoffnung verloren hatten. Zu dieser Zeit gab es nämlich nur noch 20 zuchtfähige Stuten auf der Insel – und keinen Hengst. Diesbezüglich war nämlich etwas schiefgelaufen: Einige Jahre lang waren fast nur Stutfohlen geboren worden – und die einzigen Hengstfohlen, die herangewachsen waren, zeigten sich beide als unfruchtbar.

Die Rettung kam vom Festland. *Eoghann MachLachlainn*, ein Lehrer und Bauer auf Süd-Uist, hatte 1970 einen Eriskay Junghengst gekauft. 1973 stellte er, der selbst einige Eriskay-Stuten hatte, den Hengst vorschriftsmäßig zur Körung vor – und bekam ihn abgelehnt, denn beim zuständigen Landwirtschaftsministerium hatte man damals noch nicht begriffen, dass die Eriskays schon fast verloren waren. Zum Glück aber war *Eoghann MachLachlainn* ein sturer Schotte. Obgleich man ihm die Auflage gemacht hatte, den Hengst zu kastrieren, wollte er so einfach nicht nachgeben und wandte sich um Hilfe an den Tierarzt *Dr. Beck*, der zufällig – und zum Glück – mit der Eriskay Society involviert war. Er war mehr als glücklich, dass da plötzlich doch noch ein reiner Eriskay-Hengst auftauchte und er schaffte es nicht nur, dem Landwirtschaftsministerium eine Erlaubnis zum Einsatz des Hengstes abzuringen, sondern auch, ihn von *MachLachlainn* zu kaufen und nach Eriskay zurückzubringen, wo dieser Eric – so hieß der Hengst – dann Vater einer neuen Generation von Eriskay-Fohlen wurde.

Obgleich ein Hengst und 20 Stuten sehr wenig erscheinen – die Eriskays sind gerettet. Die harten Bedingungen auf ihrer Insel haben sie zu einer außerordentlich stabilen Rasse gemacht, die einiges übersteht. Und sie haben mittlerweile Freunde gefunden, die dafür sorgen, dass sie weiter auf ihrer Insel gezüchtet werden und dass man sie als das anerkennt, was sie sind: Eine der ältesten und damit wertvollsten europäischen Pferderassen und dazu eine der letzten, in der das Blut von echten Wildpferden fließt.

Die Pferde der Kelten: Exmoor Ponys

Ein Maitag in der Bronzezeit: Die im Exmoor ansässigen Kelten feierten wie jedes Jahr das Beltane-Fest, eines ihrer wichtigsten religiösen Feiern im Verlauf des Jahres. Und wie alles in ihrem Kult, war auch das Beltane-Fest eng mit Pferden verknüpft. Hengste, die von Priestern sorgfältig ausgewählt und geweiht worden waren, zogen dabei den heiligen Wagen mit der Sonnenscheibe und der jeweils schönste unter ihnen, der König der Hengste, war es, der im nächsten Jahr die ausgewählt besten Stuten decken und mit ihnen im Exmoor laufen würde.

Das Beltrane-Fest hatte Tradition – wie die Pferdezucht im Exmoor, einem (heute) ungefähr 70.000 Hektar großen Areal im Südwesten Englands auf der Grenze zwischen Sommerset und Devon am Bristol Channel. Die küstennahe Region des Exmoors wird von zerrissenen Abhängen und Schluchten gebildet, die sich von den Hochmooren zum Meer hinuntersenken. Das Herz der Gegend bildet die riesige Hochfläche mit dem etwas irreführenden Namen »Royal Forest«, denn auf dieser Hochfläche gab es nie viel mehr Bäume als zwei Eichenarten. Ansonsten besteht die Vegetation aus Zwergbüschen, Heide und Ginster, harten Sauergräsern und Adlerfarn.

Die Ponys lebten dort wahrscheinlich schon vor den Kelten. Sie waren Nachkommen der »Hill Ponys«, der aus Nordeuropa eingewanderten Urpferde – und diese Abstammung sieht man ihnen noch heute an: In der Färbung einheitlich braun, wenn auch in den verschiedensten Schattierungen von Dunkelbraun, zeigt der typische Exmoor noch heute ein ausgeprägtes Mehlmaul, einen Spiegel

Mehlmaul, Spiegel, Aalstrich – die Exmoors sind sehr »urpferdig«.

und die Aufhellung an Schulter, Oberschenkel und Bauch. Außerdem typisch für den Exmoor ist im Winterfell der lange Kinnbart aus dickem Haar, der dem Pony hilft, die Winterstürme mit Eisregen und Frost zu überstehen.
Der Kopf des Exmoors ist ausgesprochen hübsch mit einem fein geformten Maul, weiten Nüstern, breiter Stirn und Mausöhrchen. Auffallend an den Exmoors sind oft die Augen, die etwas hervorstehend wirken – was die Exmoor-Züchter dann »toad eyes« (Krötenaugen) nennen. Verantwortlich dafür ist aber keineswegs, wie manche glauben, eine Überfunktion der Schilddrüse, sondern schlichtweg ein Ring heller Haare, der die Lider umgibt und die Augen aussehen lässt, als ob sie hervortreten würden.
Exmoors sind nicht sehr groß – die Widerristhöhe darf bei Hengsten 130 Zentimeter und bei Stuten 127 Zentimeter nicht übersteigen, die Exmoors dürfen aber auch nicht kleiner als 114 Zentimeter sein.
Obgleich die Exmoors keine Riesen sind – sie sind auffallend starke Pferde. Sie können ohne Mühe einen Erwachsenen oder hoch bepackte Körbe über weite Strecken tragen – und das ist auch, wofür sie jahrhundertelang eingesetzt wurden. Das Exmoor gehörte zu den letzten Gebieten Englands, die durch feste Straßen erschlossen wurden, bis dahin beförderten die Ponys nicht nur Bauern und ihre Lasten, sondern wurden außerdem im 19. Jahrhundert auch in Kohleminen zum Ziehen der Loren eingesetzt.
Allerdings war die Population nie sehr groß. Das Moor verkraftet nicht zu viele Pferde – wann immer der Bestand zu groß wurde, wurde das Futter knapp. Das hatte allerdings den Vorteil, dass bei der ganzjährig freien Haltung die schwächeren Tiere starben. Die stärksten kamen durch und vererbten ihre Robustheit und Genügsamkeit auf ihre Nachkommen.
Doch das half ihnen nicht durch die Depressionsjahre nach den beiden Weltkriegen. Speziell nach dem Zweiten Weltkrieg wurde in England gehungert – und nicht wenige Exmoor Ponys landeten als Braten im Topf. Den Aderlass haben sie bis heute nicht wirklich verkraftet – und dazu kommt dann noch, dass die Zucht der Exmoors heute zwar als eine der wichtigen und seltenen »native pony« Rassen gefördert wird, aber die cleveren Braunen sind für den Ponysport nicht weiter interessant, obwohl sie sehr viel Spring- und Galoppiervermögen haben. Dem entgegen steht aber, dass englische Pferdeleute behaupten: »If you can ride an Exmoor, you can ride everything« (»Wenn du einen Exmoor reiten kannst, kannst du alles reiten«).
Die Braunen brauchen eine feste Hand – und so kann man nur hoffen, dass sie, obgleich als Kinderreitpony nicht geeignet, dennoch überleben werden. Die Chancen stehen gut, denn noch gibt es im Exmoor einige Züchter, die ihre alte Rasse erhalten wollen.

Geländegängig wie ein Land Rover: Fell Ponys

Die Fell Ponys sind die »Lastwagen« unter den englischen Ponys. Fast im Kaltbluttyp stehend, sind die zwischen 132 und 142 Zentimeter großen, meist dunkelbraunen Ponys ausgesprochen kräftig. Das haben sie wahrscheinlich sowohl ihrer Herkunft wie auch ihrem Haupteinsatzzweck über Jahrhunderte hinweg zu verdanken.
Die Herkunft: Wir sind hier mal wieder bei der schon bewährten Mischung von den in England einheimischen Pferden und den friesischen Importen zur Römerzeit. Aus Überlieferungen und Bodenfunden weiß man, dass die Friesen zuerst im Fort von Ruchester am Hadrianswall stationiert wurden und dass sie auf ihren seetüchtigen Schiffen aus ihrer Heimat Pferde mitgebracht hatten, die Quellen zufolge ungefähr um die 150 Zentimeter groß und stark waren – vermutlich Vorfahren der heutigen Friesen und ihnen auch ähnlich.
Die friesischen Vierbeiner waren meist Hengste – und es liegt in der Natur eines Hengstes, dass er sich, wenn sich eine Gelegenheit ergibt, mit Stuten vergnügt. Zudem ist es nicht unwahrscheinlich, dass die Bewohner Nordenglands für die Blutzufuhr aus Friesland bei ihren Pferden dankbar waren – immerhin brachten die Importhengste Größe und Stärke ein. Und so entstand wohl in Northumbria und Cumberland auf den Rauweiden der Bergzüge eine Pferderasse, die sich durch Härte, Genügsamkeit und außerordentliche Leistungsfähigkeit auszeichnet.
Die brauchten die Fell Ponys auch, wurden sie doch über Jahrhunderte als Säumer eingesetzt, die bis zu zwei Zentner

Blei-, Eisenerz oder Kohle in speziell konstruierten Körben aus den Minen in den Bergen in den Hafen von Tyneside zu schleppen hatten. Dabei bewältigten sie – unbeschlagen – bis zu 65 Kilometer am Tag.

Die Fells waren aber nicht nur Lasttiere, sondern auch Arbeitskameraden der Bauern. Fast zu jedem der kleinen Höfe in den cumbrischen Bergen gehörte mindestens ein Pony, das zur Farmarbeit und zum Hüten der Schafe ein-

Superstark – Fell Ponys können schwere Lasten weit tragen und ziehen.

gesetzt wurde. Und am Wochenende ging es dann zum Rennen – die Bauern in Northcumbria sind so rennverrückt wie alle Engländer und sie ritten ihre Ponys ohne Sattel, nur mit einem Strickhalfter, in Trabrennen über die Distanz von einer Meile (1,609 Kilometer). Für schnelle Ponys wurde schon im 19. Jahrhundert eine ganze Menge Geld bezahlt, so war es der Ehrgeiz der Bauern, die besten Pferde zur Zucht einzusetzen.

Wie anderswo in England auch, wurden die Veränderungen in der Landwirtschaft am Anfang des 20. Jahrhunderts zum Problem für die Ponyzucht. Zur Hengstschau 1932 wurden nur noch drei Fell-Pony-Hengste aufgetrieben – und damit musste man sich um die Rasse sorgen. Den Fell Ponys kam dann aber die Depression nach dem Zweiten Weltkrieg entgegen. Benzin war in England streng rationiert und darum verlegte sich so mancher Landbewohner wieder auf die Kutsche und spannte Fell Ponys ein, die sich dabei als besonders geschickt erwiesen. Das hilft ihnen bis heute. Sie sind in England immer noch sehr beliebte Kutschpferde und werden oft sogar als Turniergespann gefahren – unter anderem übrigens von *Herzog Philipp von Edinburgh*, dem Ehemann der Königin, der viele Jahre mit einem Vierergespann Fell Ponys in der Fahrszene unterwegs war. So ist der Fortbestand der Fell-Pony-Rasse gesichert. In Frage steht aber mittlerweile leider die traditionelle Haltungsform. Immer weniger Züchter in Nordengland wollen ihre Herden frei laufen lassen – sie wieder einzutreiben, im Winter zu suchen und mit Raufutter zu versorgen, ist doch sehr aufwändig. So kann man nur hoffen, dass der Trend zur Landschaftspflege mit den ursprünglichen Bewohnern auch in England durchschlagen und zu einer Erhaltung der wild lebenden Fell Ponys führen wird.

Die Enkel der Caballeros: Highland Ponys

Zum interessantesten in der Geschichte von Pferderassen gehören die Mythen, die sich um sie spannen. Manche sind erstaunlich richtig, andere zu schön, um wahr zu sein – wie zum Beispiel die in den schottischen Highlands weit verbreitete Story von den fraternisierenden Hengsten der spanischen Armada. Die lag 1558 vor der schottischen Küste und angeblich, so wird jedenfalls an der gesamten Westküste, von Schottland bis Devon, gerne erzählt, entkamen bei ihrem Untergang von den Schiffen einige spanische Hengste, die dann an Land schwammen und sich mit einheimischen Stuten paarten.

Der Tierarzt *Dr. Robert Beck* wies nach, dass diese Geschichte eindeutig ins Reich der Legende gehört. Er fragte in Madrid nach und dort konnte man in den Unterlagen eindeutig feststellen, dass es auf den Schiffen der Armada keinen einzigen Hengst gegeben hat.

Doch wie so oft, muss man fragen, wie es eigentlich zu dieser Geschichte gekommen ist – und beim Nachforschen dazu kommt man zu ihrem wahren Kern. Der Auslöser für die Legende von den spanischen Hengsten war wahrscheinlich, dass unter den Highland-Ponys immer wieder auffallend elegante Pferde sind, die »spanische«, das heißt, hohe, graziöse Gänge zeigen.

So ist die Idee einer Verwandtschaft mit spanischen Pferden naheliegend und tatsächlich, wenn man genauer hinschaut, ist sie – abgesehen von der Tatsache, dass es mit der Spanischen Armada nichts zu tun hatte – nicht von der Hand zu weisen. Im 18. Jahrhundert unterhielten die Iren nämlich enge Handelsbeziehungen nach Spanien. Dabei kam sicher der eine oder andere spanische Hengst über den Kanal. Und von Irland aus war es dann nach Schottland nicht weit, im Gegenteil: Noch 1790 lag im Hafen von Southend, an der Südspitze von Kintyre, ein Fährboot ständig unter Segeln, um die 32 Meilen nach Irland überzusetzen.

Die Verbindung zu iberischen Pferden reicht vermutlich aber noch weiter zurück – und eine Idee, wer den Highland Ponys ihren Adel vererbt haben könnte, kommt einem bei der Rassebeschreibung, die Jasper Nissen für die Highland Ponys abliefert: »Dominierend ist die Falbfarbe in verschiedenen Schattierungen (ca. 65 Prozent), von Mausfalb bis Braunfalb. Charakterisch ist vor allem eine leuchtende Goldfaldfarbe ... Hellfarbene Ponys zeigen häufig Aalstrich und Zebrastreifung an Unterarmen und Unterschenkeln bis über die Gelenke, selten auch ein Schulterkreuz ...[16]«

[16] Jasper Nissen, »Enzyklopädie der Pferderassen, Band 2«, Kosmos, Stuttgart, 1998, S. 214

Na, dämmert es Ihnen? Genau: Diese Beschreibung passt nicht nur auf Highland Ponys, sondern auch auf die portugiesischen Sorraias. Und jetzt sind Asterix-Leser im Vorteil: Ihnen fällt vielleicht auch noch »Asterix in Spanien« ein – und dass die Iberer dort ja Kelten waren. Und Kelten waren es auch, die Schottland besiedelten – um genau zu sein: Der Stamm der Brigantii. Und der wiederum kam aus einer Gegend, in der die Sorraias »Ureinwohner« waren. Im Wissen darum, wie wichtig Pferde in ihrer Religion waren, scheint es nicht zu verwegen, anzunehmen, dass die Brigantii eigene Pferde – eben Sorraias – mit in ihre neue Heimat brachten und das sie dort, zusammen mit den einheimischen Vierbeinern, zu Stammeltern der Highland Ponys wurden.

Das Gebiet, in denen sie heranwuchsen, war ausgesprochen rau: Das schottische Hochland ist ein felsiges, karg bewachsenes Areal, in dem fast nur Heidepflanzen gedeihen. Das Klima ist eher unangenehm – kühl, stürmisch, regnerisch, die Winter sind sehr hart. Die Pferde, vor allem auf den vorgelagerten, zu den Highlands gehörenden Inseln, wurden ganzjährig im Freien gehalten und waren damit einer harten Selektion unterzogen. Sie wurde noch verstärkt durch die für viele Inselpferde unumgänglichen Umzüge von einer Insel zur anderen. Oft genug wurde nämlich auf einem der Eilande nach einer längeren Beweidung das Futter so knapp, dass die Pferde verhungert wären, wenn die Menschen nicht eingegriffen und sie dann auf eine andere Insel gebracht hätten. Das macht man noch heute so – in der traditionellen Form: Jeweils zwei, drei Pferde werden von einem Boot in Schlepp genommen und dürfen zur nächsten Insel schwimmen. Machmal werden sogar regelrechte Schwimmwettbewerbe ausgetragen – die Highlands sind nämlich ausgesprochen geschickte und schnelle Schwimmer.

Im Gegensatz zu anderen »native Ponys« waren die Highlands immer eine sehr große Population. 1814 wurden in Schottland insgesamt 243.000 Pferde gezüchtet – eine riesige Zahl, wovon wahrscheinlich ein großer Teil Highlands gewesen sein dürften. Doch mit den Veränderungen in der Landwirtschaft ging ein Niedergang der schottischen Pferdezucht einher. Immer mehr Flächen wurden ausschließlich von Schafen bewirtschaftet, so wurden 1856 nur noch 123.000 Pferde in Schottland geboren. Dazu kam dann noch, dass auch das Schottische Hochland von den allgemeinen Bestrebungen, größere Pferde zu züchten, nicht unbeeinflusst blieb. Auch die Highlands wurden immer wieder mit Fremdhengsten eingekreuzt, unter anderem sogar mit schweren Clyesdale-Hengsten und sogar Arabern. So war die Rasse schließlich reichlich inhomogen. Doch seit 1923 gibt es eine Highland Pony Society, die das Zuchtbuch führt und für Reinzucht sorgt. Und da die Highlands als elegante und schnelle Sportponys sehr beliebt sind, muss man sich um ihre Zukunft keine Sorgen machen.

Die Seepferdchen – Highland Ponys sind als geschickte Schwimmer bekannt.

An der Autobahn: New Forest Ponys

Der New Forest, ein großes Waldgebiet in der Nähe von Hampshire, westlich vom Avon, südlich von der Kanalküste und im Osten vom Southampton Water begrenzt, war einmal das Jagdgebiet der englischen Könige. Die Landschaft ist flach, der alte Mischwald von Weideflächen, den so genannten »Crommons« und Mooren durchsetzt. Der New Forest steht heute unter Naturschutz und er ist eines der wichtigsten Naherholungsgebiete in Mittelengland – ungeachtet der Tatsache, dass er von der A 31 durchschnitten wird. Diese Autobahn führt inzwischen leider zu sehr vielen Unfällen mit den frei lebenden Pferden, weswegen inzwischen geplant wird, die 300 Meter, die durch den New Forest führen, als Tunnel auszubauen, der, mit einem Meter Erde bedeckt, total verschwinden und den Tieren im Wald wieder freien Zugang zu all ihren Weideflächen gewähren würde.

Dass man diesen Aufwand zu unternehmen bereit ist, liegt nicht nur daran, dass man das »Heimrecht« der Ponys im Wald anerkennt, sondern auch daran, dass die rund 3200 Stuten und 150 Hengste samt ihrer Nachzucht, die dort leben, Publikumslieblinge sind. Sie sind für viele Engländer die »typischsten« englischen Ponys – was in so fern schade ist, dass sie lange nicht mehr so reine Ponys sind wie zum Beispiel die Exmoor- oder Eriskay-Ponys.

Aber ihr Heimrecht im Forest ist wenigstens unumstritten. Sie sind nämlich schon seit Menschengedenken da – oder, um genau zu sein: Mindestens seit der römischen Besatzung unter Kaiser Claudius. Vermutlich waren sie, wie auch andere englische Ponys, eine Kreuzung aus einheimischen und keltischen Pferden – aber so genau kann man das heute nicht mehr sagen, weil die New Forest Ponys eine der meist von außen beeinflussten englischen Ponyrassen überhaupt sind.

Der erste, nachweisbare Fremdeinfluss fand 1208 statt. In der »Pipe Roll«, die der Bischof von Winchester ausfertigte, steht, dass 18 Stuten aus Wales zur »Verbesserung« der New Forest Ponys im Wald ausgesetzt worden waren.

Der nächste, große Eingriff fand dann unter *König Heinrich VIII.* statt. Er verordnete, dass nur noch Hengste über 132 Zentimeter Stockmaß in England eingesetzt werden durften, kleinere Pferde waren zur Ausrottung freigegeben.

Das dürfte im gut zugänglichen New Forest zu einem erheblichen Bestandsverlust geführt haben.

Damit immer noch nicht genug: In den nächsten Jahrhunderten meinte fast jeder Herrscher, etwas für die Pferdezucht tun zu müssen – und sehr oft wandten sich diese Maßnahmen vor allem gegen die kleinen Pferde, deren Blut dadurch erheblich verwässert wurde. So zum Beispiel, als Mitte des 18. Jahrhunderts *Herzog William Augustus von Cumberland* Aufseher über die Königlichen Forste wurde. Er war ein Vollblut-Fan und Besitzer des auf der Rennbahn nicht eben erfolgreichen Hengstes Marske, den

Viel Fremdeinfluss – bei den New Forest Ponys wurden immer wieder fremde Hengste eingekreuzt.

Varianz – der Fremdeinfluss steht für verschiedene Fellfarben.

er zwischen 1765–1768 ausgewählte New Forest Stuten decken ließ. Zum Glück für die New Forests war Marske zwar als Rennpferd kein Kracher gewesen, dafür hatte er aber als Vollblutvererber einen echten Treffer zu vermelden: Er war – bevor *William Augustus von Cumberland* ihn in New Forest eingesetzt hatte – Vater des *Eclipse* geworden, der als eines der erfolgreichsten Rennpferde überhaupt in die Geschichte einging. Das war wohl auch der Grund, warum ein cleverer New Forest-Farmer den Hengst aus dem Nachlass des Herzogs übernahm und dann – mit erheblichem Gewinn – nach Yorkshire weiterverkaufte. Die New Forests schützte das nicht vor weiteren »Verbesserungs-Versuchen«. Den nächsten startete Königin Victorias deutschstämmiger Prinzgemahl *Albert*, der ein Faible für Araber hatte. Er verlieh von 1852–1856 seinen Araber Zorah für die »Verbesserung« der New Forest-Ponys, ein Versuch, der seiner Frau so gefiel, dass sie 1889 noch einmal zwei Araber-Hengste aus dem königlichen Gestüt in den Wald schickte.

Welchen Einfluss die Vollblüter auf die New Forest-Zucht hatten, kann man heute schwer sagen. Sehr oft waren ja die Produkte aus solchen Kreuzungen – die Hybriden also – nicht hart genug, im Freien durchzukommen und obwohl der New Forest zu den »gemütlicheren« Gegenden in England gehört, so kann man doch annehmen, dass die Vollblut-Mischlinge innerhalb der großen Population von New-Forest-Pferden keine allzugroße Rolle spielten. So wenig wie die Einkreuzungen mit Wagenpferden des schweren Schlages (wieder einmal ein Versuch, »Größe«

in eine einheimische Ponyrasse zu bringen). Erfolgreicher waren dann schon die Einkreuzungen von anderen, bodenständigen Ponyrassen wie Dartmoor, Exmoor und Fell Ponys.

Dennoch sind die New Forest-Ponys bedeutend weniger homogen als andere, englische Ponyrassen. Es gibt zwei Grundtypen – einen kleineren, sehr ponytypischen mit hübschem Kopf, Mausöhrchen, wuscheligem Langhaar und kräftigem Fundament, der aufgrund seines freundlichen Temperamentes hervorragend als Kinderreitpferd geeignet ist und einen größeren, mehr »pferdigen« Typ, der häufig eine etwas kurze, abgeschlagene Kruppe hat. An Farben ist die ganze Palette vertreten, als typisch gelten Falben, Braune oder Schwarzbraune mit wenig Abzeichen. Schecken sind unerwünscht, die Größe schwankt zwischen 135 und 148 Zentimeter, manche New Forester wachsen bei guter Fütterung sogar noch darüber hinaus.

Der Bestand ist – vor allem dadurch, dass das New Forest Pony eines der beliebtesten englischen Reitponys ist – absolut gesichert und inzwischen wird auch auf Reinzucht gesetzt. Sie in den Gestüten zu garantieren, ist kein Problem.

Dafür, sie bei den immer noch vorwiegend freilaufenden Pferden zu überwachen, steht eine strenge Organisation: Der New Forest und seine Tierzucht (es gibt dort auch halbwild lebende Rinder) wird von den so genannten »Verderers« überwacht, die mindestens sechsmal im Jahr eine Sitzung abhalten und dabei Richtlinien ausgeben. Die wiederum müssen von den »Agistern« – den Forstaufsehern, von denen jeder für einen der vier Bezirke des New Forest zuständig ist und die sich ausschließlich aus den Farmern rekrutieren, die Tiere im Forst haben – umgesetzt werden. Dazu haben sie sogar polizeiliche Vollmachten, so dass sie im Zweifelsfall die Aussetzung eines fremden Hengstes im New Forest verhindern könnten.

Isolationisten: Lundy Ponys

Insel ist nicht gleich Insel, auch wenn beide vor der Küste der englischen Insel liegen. Das zeigt sich deutlich, wenn man Eriskay mit Lundy vergleicht. Während Eriskay auf den Äußeren Hebriden eine vom Wind gepeitschte Mini-Insel mit sehr karger Vegetation ist, ist Lundy, vor der Mündung des Bristol Channels in der Irischen See gelegen, mit 370 Hektar nicht nur deutlich größer als Eriskay, sondern zudem erheblich »freundlicher« zu seinen Bewohnern. Obwohl auch Lundy ein Granitblock im Meer ist, hat es sehr reichen Pflanzenwuchs zu bieten. Das hat Lundy wohl dem Golfstrom zu verdanken, in dessen Einflussbereich es liegt. Er sorgt für ein freundliches Klima und damit wohl auch dafür, dass Lundy ein Vogelparadies ist, auf dem nicht nur jede Menge Gefiedertes lebt, sondern auch viele Vögel auf der Reise in ihr Winterquartier Station machen.

Wo viele Vögel leben, fällt viel Vogelkot an – und so ärgerlich wir es finden, wenn uns ein Piepmatz auf den Kopf k…., so erfreulich ist es für die Natur. Aus Vogelkot wird nämlich Guano – und das ist, wie jeder Blumenfreund weiß, so ziemlich der beste Dünger für alles, was grünen und blühen soll. Dementsprechend ist Lundy eine sehr grüne Insel mit einem reichen Angebot an Gräsern, Kräutern und Blüten.

Davon profitierten die einheimischen Ponys. Im Typ dem New Forest ähnlich – was insofern kein Wunder ist, dass auf Lundy immer wieder New-Forest-Hengste eingesetzt wurden – lebten sie ganzjährig frei auf der Insel. Zäune kennen sie nur von außen, denn auf Lundy setzt man sie nicht ein, um die Pferde ein-, sondern um sie auszusperren. Sie durften überall hin, nur in den Gärten und auf den wenigen Äckern der Insel waren sie unerwünscht. Konkurrenz hatten sie nur durch die ebenfalls frei auf der Insel lebenden Schafe, doch da Schafe andere Weidegewohnheiten haben als Pferde, kam man sich nicht ins Gehege.

Lundy war geradezu ein idealer Lebensraum für wilde Ponys – und vermutlich waren sie dort auch schon seit Jahrhunderten daheim. Allerdings haben sie – vielleicht auch, weil es nie sehr viele von ihnen auf der Insel gegeben hat – nie groß Furore gemacht. In alten Dokumenten findet sich nichts über Pferdezucht auf Lundy. Es gab Pferde, aber niemand kümmerte sich um sie.

Offenkundig kam bei dem Wildwuchs nicht das heraus, was Pferdeleute mögen, denn 1928 kaufte der damalige Eigentümer von Lundy, *Martin Coles Hartmann*, einige sehr gute New-Forest-Stuten und zwei Hengste. Einer davon war ein Vollblüter, der andere ein Vollblut-New Forest-Mischling. Die Fohlen des Vollblüters waren auf der Insel nicht überlebensfähig, die des Halbblüters kamen durch und wurden in der Folgezeit immer wieder von Hengsten aus verschiedenen anderen, englischen Ponyrassen gedeckt. Nach dem Tod von *Hartmann* übernahm 1969 der National Trust die Insel und hatte damit auch die Aufgabe, sich um die dortigen Ponys zu kümmern. Weil sie schon sehr mit New-Forest-Blut untermischt waren, hat man 1972 beschlossen, vollends auf New-Forest-Reinzucht umzusteigen, um damit auch die für Lundy-Ponys typische Falbfarbe zu erhalten. Der National Trust hat allerdings inzwischen die Lundy Ponys aufs Festland transportiert. Sie werden heute in Cornwall sowie in Nord-Devon weitergezüchtet – so ist die Rasse zwar vor dem Aussterben bewahrt, aber ob sie außerhalb ihres natürlichen Habitats nicht bald vollends zu einer Unterart der New Forests werden und schließlich in der großen Masse dort untergehen wird, ist ungewiss.

Mini Powerpacks: Shetland Ponys

Eigentlich gehören sie ins Guinness-Buch der Rekorde, denn sie sind mit durchschnittlich 100 Zentimeter Stockmaß nicht nur die kleinste der englischen Ponyrassen, sondern außerdem die – und das nicht nur in direkter Relation zu ihrer Größe – stärkste. Zwar kann ein ausgewachsener Mann ein Shetland Pony hochheben, aber das hat die Kleinen im Lauf ihrer Vergangenheit nie daran gehindert, nicht nur ihren Besitzer, sondern oft noch seine hinter ihm auf ihrem Rücken sitzende Frau über Meilen zu tragen. Auch im Einsatz als Träger von Lasten kann kaum ein anderes Pferd das Shetland Pony toppen (in diesem Fall: in der Relation zur Körpergröße und zum Futter, das man für sie aufwenden muss).

So wird zum Beispiel von einem Pony erzählt, das eine Last von rund 150 Kilogramm Mehl über eine Strecke von 26 Kilometer getragen habe. Während das bestimmt eine Spitzenleistung war, waren um die 100 Kilogramm herum, über Tagestouren von jeweils 60 Kilometer wochenlang getragen, für Shetties keine Seltenheit. Und was sie an Zugleistung zu bringen fähig sind, bewiesen sie einst in den Minen, in denen sie oft jahrelang unter Tage schwere Loren schleppten. Heute zeigen sie es im Fahrsport, wo sie im Viererzug fast spielerisch einen mit vier Erwachsenen besetzten Jagdwagen durch die ausgebufftesten Hindernisse ziehen.

Doch die Shetland Ponys sind nicht nur ausgesprochen stark, sondern außerdem sehr hübsch. Als eine der bekanntesten und auch zahlreichsten englischen Ponyrassen stehen sie für viele Menschen für »das Pony« überhaupt – und tatsächlich zeigen sie alles, was ein echtes Pony ausmacht, angefangen von dem kompakten Körper mit der breiten Brust, dem kurzen und breiten Rücken, sehr bemuskelten Schultern, einer kräftigen Hinterpartie mit tief angesetztem Schweif und den kurzen, aber auffallend kräftigen Beinen über fast blauschwarz gefärbten, extrem harten Hufen. Die hübschen, sehr oft sogar sehr edlen Gesichter der Shetties sind häufig gar nicht zu erkennen, denn speziell im Winterfell entwickeln sie eine ausgesprochen dichte, lange Mähne und einen Schopf, der manchmal sogar über die Nüstern hinausreicht.

Haar ist überhaupt typisch für Shetland Ponys. Ihre Fohlen sehen oft bis ins Alter von zwei Jahren aus wie Plüschtierchen – weniger von Fell denn von dicker, weicher Wolle überzogen. Und im Winterfell denn meint man, die Shetties fast scheren zu können. Sie entwickeln ein sehr langes Oberfell, dessen Haare sich wie ein Dach über die dicke, fette Unterwolle legen und so dafür sorgen, dass Wasser abtropft und die Haut darunter auch bei tagelang strömendem Regen absolut trocken bleibt.

Bis ins vorige Jahrhundert waren die Shetland Ponys sehr oft Falben, doch heute sind sie sehr bunt. Die Shetland-Züchter sind die einzigen englischen Ponyzüchter, die Schecken in ihrer Zucht erlauben – woran sie heute viel Geld verdienen, denn die gescheckten Shetties sind noch begehrter als ihre einfarbigen Kameraden. Die gibt's in jedem Ton – angefangen von Rappen über Dunkelbraune bis zu Füchsen, Falben und – wenn auch relativ selten – Schimmeln.

Wo die Shetland Ponys herkommen? Die Frage ist nicht einfach zu beantworten. Die Shetland-Inseln, eine Gruppe mit rund 100, teilweise sehr kleinen, felsigen Eilanden, vor der Küste Schottlands gelegen, haben schon sehr lange keine Verbindung mehr zum Land. Allerdings sind die einzelnen Insel untereinander nicht sehr weit voneinander entfernt, es ist also nicht auszuschließen, dass die Ponys, die sehr gute Schwimmer sind, übers Meer von der einen

zur anderen gekommen sind. Aber das erklärt die Existenz der Winzlinge auf den Inseln noch nicht.
Vermutlich waren es mal wieder die pferdebegeisterten Kelten, die bei ihrer Besiedlung der Shetlands einen kleinen, südlichen Ponytyp mitbrachten, der sich mit den noch aus der Eiszeit vorhandenen Urponys kreuzte und diese einzigartige Rasse geformt hat.
Dafür standen dann aber auch die Bedingungen auf den Inseln, die ungefähr 170 Kilometer nördlich vor der Nordküste Schottlands liegen. Sie sind dort zwar im Einfluss des Golfstroms, der für ein gemäßigtes Klima sorgt, aber das heißt nicht, dass die Pferde sich nicht oft genug vor Orkanen in Bodensenken ducken oder hinter niedrigen Hügeln Schutz suchen müssen. Dazu ist die Vegetation der felsigen Inseln eher karg. Nur an sehr geschützten Stellen können ungefähr kniehohe Sträucher hochkommen, ansonsten gedeihen auf den Shetlands fast nur Pflanzen, die Salzwasser vertragen, denn auf keiner der Inseln gibt es eine Stelle, die weiter als sechs Kilometer vom Strand entfernt ist, dementsprechend sprüht die Gischt fast überall über die ganze Insel.
Unter diesen Umständen musste ein leichtes, kleines Pony entstehen – mehr hätte auf den Inseln nicht überleben können. Und für die Shetties war es glücklicherweise kein

Klein, aber oho – Shetland Ponys sind die stärksten Pferde überhaupt.

Nachteil, so klein zu sein. *Heinrich VIII.* Versuch, die kleinen Pferde per Dekret auszurotten, konnte ihnen nichts anhaben – Schottland war damals noch nicht mit England vereinigt, so hatte der englische König auf den Shetlands keinen Einfluss. Und seine Nachfolger, die dann Könige von England und Schottland waren, hatten meist besseres zu tun, als sich um die Ponypopulation auf einer der am nördlichsten Zipfel ihres Reiches liegenden Inselgruppe zu kümmern. Bis Mitte des 19. Jahrhunderts lebten die Shetland Ponys größtenteils völlig ungestört auf ihren Felsen. Dann allerdings wurden sie auf dem Festland wahrgenommen – und hatten Glück: Sie kamen, gerade weil sie klein waren, in Mode. Um genau zu sein: Beim englischen Adel galt es damals als der letzte Schrei, schon den kleinsten Kindern ein eigenes Pony zu schenken – und was konnte da geeigneter sein als ein Shetland Pony? Schon Babys wurden in speziell konstruierten Korbsätteln auf den Pony-Rücken gepackt und beim Ausritt auf der Rodden Row in London vorgeführt. Und dabei galt natürlich: Je kleiner das Pony, desto niedlicher und schicker.

Gleichzeitig mit diesem Modetrend fand sich aber auch ein anderer Markt für die starken Kleinen: Sie wurden als Grubenpferde für die Kohlenminen entdeckt. 1851 wurden die ersten Shetland Ponys von ihren Inseln in die Kohlengruben befördert, in den nächsten Jahren wurden es immer mehr – und dementsprechend begannen die Preise für Shetland Ponys zu steigen. Hatte man um 1850 herum noch für vier bis fünf Pfund einen gesunden Shettie erwerben können, kosteten die Ponys um 1860 herum schon zwischen 15 und 20 Pfund – für damalige Verhältnisse sehr viel Geld, um so mehr, wenn man bedenkt, dass es auf den Shetlands kaum eine andere Verdienstmöglichkeit als die mühsame und riskante Fischerei gibt.

Schecke und einfarbig – Shetties kommen in allen Varianten vor.

Obwohl es auf den Shetlands nie ein Gestüt gegeben hatte, sondern die meisten Stuten »Einzelstücke« im Besitz eines Fischer sind, die sie traditionell ins Gelände schicken, reagierten nicht nur die zweibeinigen Shetländer schnell auf den Markt. Jährlich rund 500 Grubenponys – da lohnte es sich, etwas zu investieren und so begann man ab 1860, auf den Inseln schwerere Hengste einzusetzen, um das ideale Grubenpferd zu erzielen.

Der Typ, der dabei herauskam, wäre aber als Kinderpony nicht so begehrt gewesen wie der ursprüngliche Shettie. Und das war es wohl, was den *Marquess of Londonderry* 1873 dazu bewegte, ein großes Shetland-Gestüt aufzubauen. Er kaufte eine ganze Reihe guter Stuten und außerdem 200 Junghengste, aus denen er die sechs besten – und übrigens ziemlich kleinen – heraussuchte. Zwei davon, der Rappe *Jack* (102 Zentimeter groß) und der 92 Zentimeter große, dunkelbraune *Prince of Thule* erwiesen sich als durchschlagende Vererber, die dem Marquess zu ausgesprochen hübschen, edlen kleinen Pferden verhalf.

Inzwischen dürfte es weltweit ungefähr 250.000 Shetland Ponys geben – ein nicht zu kleiner Teil davon in Amerika, wo die hübschen Kleinen als Kinderreitpferde ebenfalls sehr beliebt sind. Der Fortbestand der Rasse ist damit gesichert – und zum Glück auch auf den Inseln, wo nach wie vor traditionell Ponys heranwachsen, die unter freiem Himmel geboren werden, leben und sterben.

To hell or to Connaught – die Connemara Ponys

Oliver Cromwell war – speziell aus der Sicht der Iren, deren Land unter seiner Knute litt – kein besonders angenehmer Mensch und offensichtlich einer, der den heutigen Reisetrend nach Irland nicht verstanden hätte. Für ihn war Irland ein ärmliches, unzivilisiertes Land – und die mieseste Ecke innerhalb Irlands, so fand der englische Machthaber, war das alte Königreich Connaught an der stürmischen Westküste. Dorthin, wo an kargen Felshängen kaum mehr als Flechten und Moose gedeihen, wo die Bauern, bevor sie zu ackern beginnen, erst einmal Humus aus Sand und Tang erzielen und jeden Flecken, den sie bepflanzen wollen, mit Steinmauern gegen den ständigen Wind schützen müssen, schickte Cromwell rebellische Iren, wobei er den Satz »Zur Hölle oder nach Connaught« geprägt haben soll. Für ihn machte das nämlich keinen großen Unterschied.

Für die Pferde, die im ehemaligen Connaught – ungefähr deckungsgleich mit der heutigen Grafschaft Galway mit ihrem Herzstück Connemara (die zerklüftete Berg- und Küstenregion mit der Mini-Hauptstadt Clifden) – lebten, sah das vermutlich ein bisschen anders aus. Dort gab es zwar nie ein reichliches Futterangebot, dort regnet und stürmt es so oft, dass die Babys angeblich schon mit Gummistiefeln geboren werden, aber die Ponys, die dort seit Urzeiten leben, wuchsen in totaler Freiheit heran, von keinem Fressfeind bedroht und keiner weiteren Gefahr ausgesetzt als über eine glitschige Klippe zu stürzen. Das aber konnten die meisten der extrem geländegängigen Connemaras vermeiden und so gelang es ihnen, dort zu einer der härtesten und genügsamsten Ponyrassen über-

haupt heranzuwachsen. Ihre Geschichte ist untrennbar mit der des Landes und seiner Menschen verbunden – und irische Geschichte steht für Armut und Unterdrückung über Jahrhunderte. Irland, von dichten Wäldern überzogen, mit fischreichen Seen und fruchtbaren Böden gesegnet, war um die erste Jahrtausendwende herum eines der zivilisiertesten und reichsten Länder Europas. Als unsere Vorfahren noch in ärmlichen Hütten hockten und kaum wussten, wie sie zu ihrem täglichen Brot kommen sollten, wurden in den irischen Klöstern schon kunstvolle Bücher wie zum Beispiel das berühmte Book of Kells geschrieben und illustriert.

Irlands Untergang begann, als die englischen Könige meinten, sich auch zum Herrscher über ihre Nachbarinsel aufschwingen zu müssen. *Heinrich II.* fing schon 1171/72 damit an, in dem er in die irische Kichenreform eingriff, einer seiner Nachfolger, *Heinrich VIII.,* machte die irische Unterwerfung dann komplett, in dem er seinen Statthalter, den *Grafen von Kildare* einsetzte und sich zum König von Irland ausrufen ließ. Weil er gleichzeitig die Lösung von der römisch-katholischen Kirche betrieb, begann es in Irland schon bald zu gären. Ein Aufstand folgte dem anderen, jedesmal gefolgt von noch härteren Gesetzen gegen die Iren, jedesmal gefolgt von noch mehr Unterdrückung. Die Engländer versuchten, Irland zu unterjochen, in dem sie zum Beispiel das fruchtbare Land an englische Großgrundbesitzer gaben, die es dann für horrende Pachtsum-

Auf der grünen Insel – Connemara Ponys leben heute noch frei in Irland.

men wieder an die Iren verpachteten. Zunehmende Verarmung war die Folge.
Das wirkte sich auch auf die irische Pferdezucht aus. Zwar brachten die englischen Herren Reitpferde mit ins Land, zwar gab es schon im 18. Jahrhundert eine nennenswerte Vollblutzucht in Irland – aber für die Ponys, die frei in den Hügeln von Connemara streiften, interessierten sich die Herrschaften kaum. Die Ponys gehörten den armen Bauern, die sie zur Feldarbeit, als Reitpferde und zum Lastentransport brauchten. Zuchtrichtlinien gab es nicht, jeder konnte mit seinen Stuten machen, was er für richtig hielt – und das dürfte vermutlich dazu geführt haben, dass alles andere als Reinzucht betrieben wurde. Vermutlich hat so mancher Bauer seinem Stütchen auf dem Weg einen »Veredler« besorgt, der heute noch bei den irischen Fahrenden und ihren Tinkern nicht unüblich sein soll: Man schickt die rossige Stute nachts einmal auf die Koppel eines Edelhengstes und holt sie rechtzeitig vor Morgengrauen wieder ab. Bis dahin hat der Hengst wahrscheinlich das Seine getan und Deckgebühren fallen auf diese Art nicht an.
Was dabei alles in die einst ursprünglichen Connemara Ponys hineingezüchtet wurde, ist nicht mehr nachzuvollziehen. Wahrscheinlich reichte das Spektrum vom Vollblüter über diverse englische Ponyrassen bis hin zu spanischen Pferden. Unbedingt bekommen ist das der Zucht nicht. Mitte des 19. Jahrhunderts waren die Connemaras mehr oder minder ansehnliche, mehr oder minder harte Pferde. Dazu kam dann noch, dass die Besten unter ihnen ihre Heimatinsel verließen – sie wurden für wenig Geld (30 Schilling bis ungefähr drei englische Pfund kostete damals ein Connemara-Pony) nach England verkauft, um dort in den Kohlegruben zu verschwinden.
Erst Ende des 19. Jahrhunderts wurde den Engländern dann bewusst, dass die Zustände in Irland unhaltbar waren. Bis dahin waren schon Millionen von Iren nach USA ausgewandert, die Ponyzucht lag total am Boden. Englische Hippologen machten sich daran, sie wieder aufzubauen, der englische Großgrundbesitzer *Frederick Wrench,* der in

Vom Araber geprägt – Connemara-Schimmel.

der Nähe von Dublin daheim war, wurde beauftragt, die alte Connaught-Rasse zu retten. Dummerweise aber war *Wrench* ein absoluter Fan der englischen Hackney-Ponys – und er sah das Heil der Connemara-Ponys in einer Umzüchtung zum Hackney, weswegen er ein Hengstdepot mit Hackneys, Berber, Halbblütern und Welsh Cobs einrichten ließ. Schon die Tatsache, dass er seine Hengste einstallen musste, weil sie die harten Winter in Connemara nicht überstanden hätten, zeigt, wie falsch sein Weg war. Dementsprechend skeptisch waren die Bauern in Connemara auch gegenüber den fremden Hengsten. Die, die nicht umhin kamen, weil sie zu sehr unter Aufsicht waren, setzten sie ein – der Rest übte sich in einer Disziplin, die Iren heute noch gut beherrschen: Obrigkeit ignorieren, weitermachen, wie man es für richtig hält.

Das war vermutlich das Glück der Connemara Ponys. Die Einkreuzungsversuche mit den Fremdhengsten gingen nämlich schief, die Pferde wurden keineswegs besser, sondern nur weicher. 1903 sah man das dann auch ein, die Hackney Hengste wurden wieder abgeschafft, doch in den nächsten Jahren deckte in Connemara unter anderem ein Berber-Hengst und was den Engländern sonst noch »passend« erschien (und es sehr oft nicht war). Um genau zu sein: Es waren eigentlich nur zwei, ein Vollblüter und ein Araber, die es schafften, in Connemara eigene Linien zu gründen.

1923 löste sich Irland von England. Die Republik wurde gegründet – und einige Jahre später die Irish Connemara Pony Breeding Society. Sie sorgt nun wieder für Reinzucht, in dem sie alljährlich eine Zuchtschau abhält, auf der die besten Hengste gekört werden. Außerdem stellt die Connemara Society den Züchtern Hengste aus ausgewählten Linien zur Verfügung.

Das Ergebnis kann sich inzwischen sehen lassen. Die Connemaras sind eine der begehrtesten Sportpony-Rassen überhaupt geworden, es gibt in Connemara eine ganze Reihe sehr guter Zuchtbetriebe mit großen Bestand – und die Republik Irland fördert durch Subventionen die traditionelle Haltung, bei der die Pferde frei in den Hügeln unterwegs sind. So kann man davon ausgehen, dass die alte Connaught-Rasse nicht nur gerettet ist, sondern in den nächsten Jahrzehnten wieder homogener werden wird.

Zwischen Feuer und Eis – Island-Pferde

Gletscher neben brodelnden Quellen, Vulkane, über denen eine Schwefelwolke steht und die immer wieder Feuer spucken, schwarz erstarrte Lavazungen, die am Meer zu lecken scheinen, Geysire, die steil aus dem Boden schießen, abweisende Berge und dazwischen Täler, in denen kleine Pferde unter einem Regenbogen weiden – das ist Island, die zweitgrößte Insel Europas (größer ist nur England), im Nordmeer im Übergangsgebiet zwischen südpolarem und kühl gemäßigtem Klima gelegen.

Und so interessant und eigenwillig wie die Insel, so besonders sind auch ihre zwei- und vor allem vierbeinigen Bewohner, die Islandpferde. Lassen Sie uns aber, bevor wir ausführlicher über diese besondere Rasse reden, erst etwas abklären: In vielen Büchern werden die isländischen Pferde »Ponys« genannt. Was die Größe angeht, haut das ungefähr hin – Islandpferde sind üblicherweise zwischen 131 und 135 Zentimeter groß und fallen damit ins Ponymaß. Was aber ihr Herkommen, ihr Temperament und ihren Einsatz angeht, so sind die Isländer eher Pferde denn Ponys. Einigen wir uns darum darauf, dass wir sie hier »Pferde« nennen? Wir müssen dabei ja nicht vergessen, dass sie nicht zu den Riesen in der Spezies Equus Caballus gehören.

Bequem zu sitzen – Isländer im Tölt.

Odins Rosse

Bei den meisten englischen Ponyrassen kann man nur darüber spekulieren, wann und wie sie auf die Insel gekommen sind. Bei den Isländern dagegen weiß man es bis fast auf den Tag genau.

Dabei liegt der Beginn der isländischen Pferde in Norwegen. Dort lebten im neunten und 10. Jahrhundert die Wikinger, in deren Religion und Kult die Pferde eine große Rolle

Die karge Vulkanlandschaft Islands prägt die Pferde – und macht sie hart.

spielten. Ihr oberster Gott war Odin (teilweise auch »Wotan« genannt), der dem Mythos zufolge auf dem achtbeinigen Hengst Sleipnir unterwegs war. Ihm wurden in den »Blóts«, großen Festen, Pferdeopfer gebracht. Dazu wurde ein Schimmel geweiht, getötet, sein Blut wurde von den Priestern in einem großen Steingefäß aufgefangen und dann auf die Gläubigen versprengt, sein Fleisch wurde im Rahmen ritueller Handlungen verzehrt. So grausam das für uns heute klingt – für die Wikinger war es das nicht, im Gegenteil. Gerade weil Pferde für sie so wertvoll waren, weil sie an ihnen hingen, waren sie das größte Opfer, das ein Wikinger dem Gott zu bringen hatte.

Wind- und wettererprobt – Isländer in seiner Heimat.

Gegen Ende des neunten Jahrhunderts wurde es für die Wikinger in Norwegen zunehmend ungemütlich. *König Harald Haarfagr* (ca. 860–933) versuchte, das Land unter seine Alleinherrschaft zu bringen, wogegen die Großgrundbesitzer und Stammeshäuptlinge einiges einzuwenden hatten. Dauernde Kämpfe waren die Folge, unzählige Wikinger starben, andere verloren ihr Land und so beschlossen einige von ihnen 874, ihre Heimat zu verlassen und anderswo ihr Glück zu suchen. Sie packten Frauen, Kinder, Pferde, Rinder und den Hausrat auf ihre Drachenboote, segelten über das Meer und landeten auf Island, der Vulkaninsel, deren Existenz im Norden zwar schon seit vielen Jahrhunderten bekannt war, die aber bis dahin nur von irischen Mönchen besiedelt worden war.

Island bot ihnen alles, wovon sie in Norwegen geträumt hatten: Freiheit, den Fischreichtum seiner kalten Küste und fruchtbares Land im Überfluss. Der noch nie beackerte Vulkanboden brachte mehr Frucht als die ausgelaugten Böden, die die Wikinger in Norwegen beackert hatten, die warmen Quellen konnten als Heizung genutzt werden – doch, Island war ein Paradies für die Wikinger. Das sprach sich dann bis Norwegen herum und so kamen immer mehr Wikinger mit ihren Familien und Pferden.

In den nächsten Jahren kamen dann noch mehr Einwanderer – auch auf den Hebriden, den Shetland- und den Orkney-Inseln, der Isle of Man und Irland war es für die Einwohner teilweise zu eng und so mancher von ihnen wanderte mit Mann, Maus und Pferd gen Island aus. Um 930, als die Führer der verschiedenen Einwanderergruppen sich traffen und beschlossen, künftig einmal jährlich in einer Versammlung die Gesetzgebung für die Insel festzulegen, lebten dann schon an die 60.000 Menschen auf der Insel – und vermutlich weideten auch schon ein paar Tausend von ihren Ponys in den Bergen und an den Küsten. Und weil es in Island sehr viel Land gab, baute sich jeder Bauer seinen eigenen Hof auf, teilweise sehr weit vom Nachbarn entfernt – eine Siedlungsform, die noch heute typisch ist für die ländlichen Regionen der Insel.

Um sie aufrecht erhalten zu können, brauchte es Pferde. Sie wurden vor den Pflug gespannt, sie waren Reit- und Lasttiere. Und wo immer eine Kultur extrem vom Pferd abhängig ist, wird das Pferd hoch geschätzt, findet seinen Eingang in der Sprache und der Gesetzgebung. So soll angeblich schon auf dem ersten »Altthing«, der Inselversammlung 930, ein Gesetz erlassen worden sein, dass die Einfuhr von Pferden auf Island verbot. Dazu gab es in Island schon sehr früh genaue Zuchtanweisungen. So hatte jeder größere Hof eine eigene »Stód« – ein Gestüt, meist aus einer Herde von vier bis sechs Stuten bestehend, die mit einem sorgfältig ausgewählten Hengst ganzjährig draußen lebte. In vorchristlicher Zeit wurden die jeweiligen »Stóds« von Priestern einer ganz bestimmten Gottheit geweiht und man hoffte, dass diese Gottheit während der Weidezeit über die Pferde wachen würde.

Die Wertschätzung für das Pferd hielt auch nach der Christianisierung, während der vor allem gegen die »Blóts« vorgegangen worden war, an.

1000 Jahre Reinzucht?

Zu den berühmtesten Mythen und Legenden, die sich um Pferde ranken, gehört die Geschichte von der 1000-jährigen Reinzucht auf Island. Sie geht angeblich auf das Einfuhrverbot zurück, das schon 930 auf dem ersten Altthing erlassen worden sein soll. Das ist aber nach Ansicht von

Historikern nicht haltbar. Im Gegenteil. Man weiß heute, dass in den meisten Volkssagen einige Wahrheit steckt und so muss man zum Beispiel die Thorsfindingsaga, die im 11. Jahrhundert entstand und von einem isländischen Helden nahmens *Gold-Thorir* berichtet, ernst nehmen. In ihr wird nämlich unter anderem erzählt, dass *Gold-Thorir,* der einen Hengst mit weißer Unterlippe aus Gautland, an der Westküste Schwedens gelegen, als Geschenk bekommen habe. Dieser Hengst sei so wertvoll gewesen, dass *Gold-Thorir* ihn im Winter und im Sommer mit Hafer zugefüttert habe – und natürlich habe er den geschenkten Gaul auch als Deckhengst eingesetzt.
Hippologen vermuten heute, dass dieser Schwede in Wirklichkeit ein Orientale war. In Schweden wurden damals schon immer wieder Pferde aus Arabien importiert – und ein paar davon könnten es nach Island geschafft haben, wo sie dann aufgrund ihres Adels als besonders wertvolle Tiere eine Sonderbehandlung bekamen.

Die orientalische Einkreuzung ist den Isländern sicher nicht sonderlich bekommen. So wertvoll die Orientalen in anderen Pferdezuchten als Veredler sind – für eine Robusthaltung, wie in Island üblich, sind die Kreuzungsprodukte nicht gemacht. Dazu kommt dann noch, dass die Orientalen und Isländer so weit auseinander sind, dass ihre Kreuzungsprodukte als »Hybriden« gesehen werden müssen – was dann bei der Weiterzucht zu den schon besprochenen Problemen führt. Vermutlich aber dürften genau die dazu geführt haben, dass die Kreuzungsprodukte wieder aussortiert wurden – entweder durch natürliche Verluste oder durch Eingriffe der Züchter. Vielleicht haben sie aber dazu geführt, dass die Isländer gegenüber Fremdeinflüs-

Unübersehbar in Island – die Landschaft prägt das Pferd.

sen in ihrer Zucht tatsächlich sehr vorsichtig geworden sind. Seit dem 14. Jahrhundert ist nichts mehr über Pferdeimporte bekannt und 1882 wurde dann tatsächlich ein Gesetz erlassen, das Tierimporte nach Island sehr einschränkt. 1909 wurde dann die Einfuhr von Pferden verboten, was so weit reicht, dass Pferde, die die Insel einmal verlassen haben, nicht wieder zurückkehren dürfen.

Touristenattraktion und Exportschlager

Auch wenn wir nicht mehr an die absolute Reinheit der isländischen Pferde glauben – dass die vorwiegende Reinzucht unter so speziellen Bedingungen einen ganz besonderen Pferdetyp geformt hat, steht außer Zweifel. Es musste so kommen: Wenig Futter, steinige Böden – weite Teile der Insel sind ja blanker Fels – Wind und Wetter, strenge Winter, in denen die Pferde ihr Futter unter dem Schnee herausscharren müssen, führten zu einem relativ einheitlichen Typ. Der heutige Isländer ist ein kompaktes, sehr genügsames, ungemein zähes und intelligentes Pferd. Diese Intelligenz, verbunden mit einigem Eigenwillen, macht den Isländer aber auch zu einem Pferd, das nicht unbedingt für Kinder und Anfänger geeignet ist. Wenn man reiten und vor allem mit Pferden umgehen kann, ist man mit den Dickköpfen von der Insel gut bedient – im anderen Fall sollte man besser die Hände davon lassen.
Und auch dafür ist das Leben in Freiheit verantwortlich. Wer in der Herde unter harten Bedingungen umgeht, entwickelt Intelligenz. Sie wird ja schon von den Fohlen gefordert und sie werden jeden Tag durch neue Eindrücke gefördert.

Fünf Gänge und ein Fisch

Es hat wahrscheinlich auch etwas mit den speziellen Aufzuchtbedingungen der Isländer zu tun, dass sie nicht nur Schritt, Trab und Galopp gehen können, sondern außerdem ganz viele von ihnen auch noch den Pass und Tölt beherrschen. Pass gilt bei den meisten europäischen Pferden als »Fehler«, daher ist er fast allen abgezüchtet worden. Doch auf schmalen Pfaden oder glitschigen Klippen

kann Pass geschickter sein als der normale Schritt. Und was den Tölt angeht, so scheint er für die Isländer die effizienteste Art zu sein, sich schnell fortzubewegen. Er wurde wahrscheinlich auf den Wanderungen bei der Futtersuche entwickelt – und weil er auch für den Reiter sehr angenehm ist, durch die Zucht gefördert. Er gilt heute als Spezialität der Isländer und wird in Island durch spezielle Töltrennen gefördert.

Und wenn wir nun schon bei »isländischen Spezialitäten« sind, dann darf eine andere nicht fehlen: Der Fisch, den sie in der traditionellen Island-Haltung gezielt fressen. Wer darauf gekommen ist, den Vegetariern im harten Winter Salzheringe anzubieten, ist heute nicht mehr nachzuvollziehen. Aber dass die »Isis«, wie die Nordländer gerne von ihren Fans genannt werden, damit umgehen können, davon berichten unzählige isländische Pferdezüchter. Wie schon ihre Vorfahren, pflegen sie nämlich in den ganz harten Wintermonaten eine Tonne mit Salzheringen zu ihren Pferden zu bringen. Und wie deren Vorfahren, so nehmen auch die heutigen Isländer den Fisch an – allerdings immer nur einen am Tag, als ob sie wüssten, dass der ausreicht, ihren Bedarf an Fett, Eiweiß, Vitaminen und Mineralien über die Wintermonate hindurch abzudecken.

Ein Russ ist ein Ross – Gotland-Ponys

Im Naturpark Lojst Hajd – Heimat der Gotland-Ponys.

Dem Gotland-Pony, in seiner schwedischen Heimat meist nur »Russ« genannt, sieht man die Abstammung von den

nordischen Urpferden mindestens so sehr an wie den Fell-Ponys. Wie sie zeigen sich die Russ – vor allem im Winterfell – sehr oft als kompakte Falben mit dunklem Behang und sehr oft mit Mehlmaul. Allein das weist schon darauf hin, dass die Kompaktos bereits sehr lange in Gotland, der ungefähr 140 km^2 großen Insel in der Ostsee vor der schwedischen Provinz Smaland daheim sind.

Sie gehören vermutlich zu den Ponyrassen, die schon während der Eiszeit, als noch Landverbindungen zwischen den vorgelagerten Inseln und dem Festland bestand, in ihrer Heimat eingewandert sind und die dann, weil ihre Insel schwer erreichbar war, die Jahrhunderte relativ »unvermischt« überstanden haben.

Und wie ihre Vorfahren, werden die Russ in ihrem Hauptzuchtgebiet, der Lojst Hajd (gotländische Schreibweise – im Gegensatz zur schwedischen, die das Gebiet »Lojsta Hed« nennt), einer mit Kiefer bestandenen Waldheide, halbwild gehalten. Das heißt konkret: Sie haben innerhalb des ungefähr 600 Hektar großen Naturparkes eine Frühlings-, Sommer-, Herbst- und eine Winterweide, zwischen denen sie zu entsprechenden Zeiten hin- und hergetrieben werden. Zweimal im Jahr werden sie eingefangen – jeweils im Dezember und Mitte Mai. Dann werden sie entwurmt, die Hufe werden ausgeschnitten, im Winter werden zudem die Fohlen abgesetzt, gebrannt und aus der Herde entfernt. Über den Winter allerdings reicht das Futterangebot auf der Insel nicht aus, so müssen die drei Besitzerfamilien abwechselnd zufüttern. Ansonsten aber leben die Ponys unbeeinflusst – und sind teilweise sogar recht scheu. So kann es zum Beispiel ausgesprochen schwer fallen, sie auf ihrer fast 300 Hektar großen Herbstweide überhaupt zu Gesicht zu bekommen.

Auf der Sommerweide – Gotland-Ponys in Schweden.

Aus der Neuen Welt –

Wildpferde in Übersee

… Wenn im Stall ein Hengst, mit Gerste genährt an der Krippe
mutig das Halfter zerreißt und stampfenden Laufs auf das Feld eilt,
trotzender Kraft, hoch trägt er das Haupt, und rings an den Schultern
fliegt die Mähne umher, doch stolz auf den Adel der Jugend tragen
die Schenkel leicht ihn zur bekannten Weide der Stuten …

Homer, Illias, VI.

Die Silhouette des Hengstes hebt sich scharf gegen den wolkenlos blauen Himmel ab: Ein edler Kopf, ein hoch aufgewölbter Hals, ein kräftiger Körper über sehnigen Beinen. Leichter Wind spielt in seinem Haar, lässt einzelne Strähnen aus der Mähne fliegen und bläst durch den Schweif. Der Hengst steht still, nur seine Ohren spielen und suchen wie eine Radarstation die Umgebung ab. Endlich wirft er den Kopf hoch, schüttelt sich einmal und trabt dann gelassen, fast tänzerisch, davon.
Der Beobachter bleibt zurück – atemlos, beeindruckt. Er hört Steinchen unter dem Tritt des Hengstes klirren, dann Wiehern und das Geräusch vieler Hufe. Nun taucht der Hengst wieder auf, immer noch wachsam, die Muskeln gespannt. Doch er ist nicht mehr allein. Fünf oder sechs Stuten folgen ihm, zwei oder drei Fohlen eng an der Schulter ihrer Mutter. Gelassen, aber wachsam zieht die Herde vorbei, auf der Suche nach Futter oder auf dem Weg an ihre Wasserstelle.

Möchten Sie an der Stelle des Beobachters sein? Träumen Sie von Amerikas Mustangs, den Pferden, mit denen die Indianer einst durch den Westen gezogen sind, die einst zu Millionen zwischen den Bisons auf den Steppen des Westens gegrast haben? Dann begleiten Sie uns doch auf unsere Reise in die Geschichte, Gegenwart und Zukunft dieser ganz besonderen Pferde.

Die Rückkehrer: Mustangs in Amerika

Wenn es nicht so traurig wäre, könnte man fast darüber lachen: Während man in der Mongolei mit viel Geld und Einsatz Anstrengungen unternimmt, die einst dort einheimischen Pferde wieder einzubürgern, während man fast überall auf der Welt Geld ausgibt, das Aussterben von Tierarten in ihrem natürlichen Habitat zu verhindern, findet das gelungenste Tier-Re-Intregationsprogramm, das je stattgefunden hat, immer noch keinen ungeteilten Beifall. Anstatt sich daran zu freuen, dass – so viele Jahrhunderte nach ihrem Aussterben – Pferde wieder in Amerika heimisch geworden sind, führt man dort immer noch Debatten darum, ob sie wirklich schützenswert und Bestandteil der amerikanischen Fauna sind.
Nehmen wir die Frage auf, bevor wir uns weiter über die Mustangs unterhalten – und erinnern wir uns an unser Eingangskapitel über das Herkommen des Pferdes. Und dabei bitte nicht nur daran, dass es in Amerika einmal Pferde gegeben hat, sondern vor allem an die Zeitanga-

ben. Pferde sind – das erste mal – vor ungefähr 25 Millionen Jahren in Amerika eingewandert und sie haben dann bis ungefähr 10.000 bis 8.000 v. Chr. dort gelebt. Dann sind sie ausgestorben, um aber gegen 1500 n. Chr. herum wieder zurückzukehren.

Ich bin überzeugt, dass Sie rechnen und vor allem zählen können, aber mir ist dennoch danach, die Zahlen noch einmal akkurat darzustellen: 25 Millionen Jahre – in Zahlen: 25.000.000 – waren sie da, Teil der amerikanischen Fauna und damit auch Teil der Evolution dieses Kontinents. Und dann waren sie ungefähr 10.000 Jahre lang nicht da. Was sind 10.000 Jahre, verglichen zu 25.000.000? Ein Wimpernschlag in der Geschichte der Erde, ein Morgen in der Geschichte der Evolution der Säugetiere? Kann man sich, wenn man sich diese beiden Zahlen vor Augen hält, wirklich einbilden, dass Pferde in Amerika »Eindringlinge« sind? Kann man da wirklich guten Gewissens argumentieren, dass sie nicht in die Fauna gehören und daher die Existenz anderer, in Amerika heimischer Tiere gefährden?

Gestatten Sie mir ein Seufzen und etwas Sarkasmus: Wer das glaubt, der glaubt wohl auch daran, dass die Evolution nicht stattgefunden hat und die Dinosaurier nur ausgestorben sind, weil in Noahs Arche die Dino-Eier zu sehr ausgekühlt sind. Damit könnten wir die Debatte schon fast schließen. Ich erlaube mir, der Meinung zu sein – einer, wie ich finde, wohlfundierten Meinung – dass Pferde in Amerika einheimisch sind und dass darum die Mustangs, die dort wild leben, genauso viel Schutz genießen sollten wie andere Wildtiere.

Wie der Schutz praktiziert werden soll, ist aber die große Frage. Amerika ist zwar lange nicht so dicht besiedelt wie

Mustang in Montana – die wilden Pferde sind zurück.

Nord-Europa, aber dennoch müssen sich auch dort Mensch und Mustang arrangieren. Das ging in früheren Jahren sehr oft ganz auf Kosten der Mustangs. Sie hatten in den Farmern, die Land für die Nutztierhaltung brauchen und den Jägern, für die sie uninteressant sind, Gegner, die vor allem in den 60er- und 70er-Jahren des vorigen Jahrhunderts sehr lautstark waren. Doch seit 1971 sind Mustangs und wild lebende Esel durch den »Wild-Free-Roaming Horses and Burros Act« geschützt. Dieses Bundesgesetz, das für alle amerikanischen Staaten gilt, deklariert alle wild lebende Equiden als Eigentum des Staates und unterstellt sie der alleinigen Für- und Obsorge des Bureau of Land Management, kurz »BLM« genannt.

Das Mustang Adoptionsprogramm – ein gut gemeinter Versuch.

Die Gegenwart

Das BLM nun ist mit einem Problem konfrontiert: Für die Tiere, die es schützen soll, ist Amerika ein Paradies. Das BLM schreibt auf seiner Website darüber: »Wilde Pferde und Esel haben keine natürlichen Feinde und pflanzen sich mit einer Rate von 18 Prozent im Jahr fort. Futter und Wasser auf dem öffentlichen Land, das diese Tiere mit Wild- und landwirtschaftlichen Nutztieren teilen, kann nicht ausreichen, wenn die Population der wilden Pferde und Esel sich unbeaufsichtigt vergrößert. Ohne Eingriffe wäre ein langsamer, grausamer Tod durch Verdursten und Verhungern für viele Tiere (Pferde, Esel, Nutz- und Wildtiere) das Resultat, und schlimme Schäden für die ökologische Balance des Landes die Folge.[17]«

Wie sorgt man dafür, dass ein geschütztes Tier, das nicht abgeschossen werden darf und soll, sich nicht uneingeschränkt vermehrt und damit den Lebensraum anderer Tiere einschränkt?

Der Amerikaner Lösung sind zum einen Versuche, die Vermehrungsfreudigkeit der Mustangs durch aktive Geburtenkontrolle einzugrenzen, zum anderen werden jedes Jahr Mustangs eingefangen und zur Adoption freigegeben. Das erste Programm ist neu und sehr aufwändig: Man fängt junge Stuten ein und verpasst ihnen empfängnisverhütende Hormonspritzen. In wie weit das etwas nützt und was dabei langfristig herauskommen kann, ist noch nicht absehbar. Dafür läuft das Adoptionsprogramm nun schon einige Jahre. Allein 2001 wurden insgesamt 6054 wilde Pferde eingefangen und in menschliche Obhut gegeben.

Das Adoptionsprogramm für Mustangs wurde 1972 gestartet, doch in den ersten Jahren gab es damit Probleme – wie zum Beispiel das, dass Geschäftemacher sich und ihre ganze Verwandt- und Bekanntschaft beim BLM als potenzielle Mustang-Halter angemeldet haben, Tiere übergeben bekamen und die dann stehenden Fußes dem nächsten Hersteller von Hundefutter verkauften. Um das künftig zu

[17] BLM National Wild Horse and Burro Programm, »Why doesn't BLM just leave the animals on the range?«, website http://www.wildhorseandburro.blm.gov/faqs.htm, Stand 18.11.2002

Bestandskontrolle muss sein – Mustangs werden eingefangen.

verhindern, übergibt das BLM inzwischen zwar die Mustangs an die Bewerber, behält aber für das erste Jahr die Besitzrechte. Erst danach kann der Halter des Mustangs beantragen, dass das Pferd sein Eigentum wird. Das BLM darüber auf seiner Website: »Ein Tierarzt oder ein geeigneter Beamter muss bestätigen, dass das Tier gesund und gut gehalten ist, bevor das BLM die Besitzrechte übergibt.[18]«.
Dabei hat das BLM auch strenge Richtlinien, welche und wie viele Mustangs es aus den Herden herausfängt und zur Adoption freigibt. So sollten die Tiere zum Beispiel nicht älter als fünf Jahre sein, denn ältere Pferde würden sich mit der Eingewöhnung sehr schwer tun. Außerdem muss für jedes Pferd, das eingefangen wird, ein Adoptionsbewerber bereitstehen und man bemüht sich, dass durch das Herausfangen der Genpool der jeweiligen Herde nicht geschmälert wird. Das heißt konkret: Wenn in einer Herde nur eine Scheckstute läuft, wird man sie – auch wenn sie unter fünf ist – nicht herausfangen, sondern als Vererberin ihres Scheckgens in der Herde lassen.
Es bleiben trotzdem noch genug Probleme übrig – angefangen davon, dass manche Adoptionen schließlich doch nicht klappen, dass viele Farmer der Meinung sind, das BLM sei zu »zart besaitet« im Umgang mit den Mustangs und der Bestand immer noch zu hoch, dass auf der anderen Seite Tierschützer meinen, man solle die Mustangs doch einfach sich selbst überlassen und gar nicht mehr in ihre Entwicklung eingreifen. Eine Lösung, die alle Seiten befriedigt, ist nicht in Sicht – und ob sie je gefunden wird, ist zweifelhaft. Doch die Mustangs sind nun geschützt und das wachsende Naturbewusstsein auch bei den Amerikanern lässt hoffen, dass sich daran nichts mehr ändern wird. Dazu ist der momentane Bestand von 44.000 Mustangs[19], verteilt über die amerikanischen Bundesstaaten Arizona, California, Colorado, Idaho, Montana, Nevada, New Mexico, Oregon, Utha und Wyoming, inzwischen meist in Schutzgebieten daheim, groß genug, dass man nun davon ausgehen kann, dass die wilden Pferde in Amerika nicht noch einmal aussterben.

[18] BLM National Wild Horse and Burro Programm, »What does BLM do to ensure a wild horse or burro is well-cared for?«, website http://www.wildhorseandburro.blm.gov/faqs.htm, Stand 18.11.2002

[19] Quelle: BLM Website, 2002

Schutzgebiete – eine Chance für die Mustangs.

Von Eroberern und Indianern

Erinnern Sie sich an die Geschichte von *Columbus* und den ausgetauschten Sorraias? Wie er damals, vor seiner zweiten Reise in die Neue Welt, Andalusier auf seine Schiffe laden wollte, aber billigere Sorraias untergejubelt bekam? Diese Sorraias wurden zu den Stammvätern der Mustangs, denn man kann davon ausgehen, dass *Columbus* sie in Amerika zurückließ, als er nach Europa zurücksegelte. Diese Pferde hatten die härteste Auslese hinter sich, die man sich nur vorstellen kann. Sie hatten Monate lang auf engstem Raum bei schlechter Luft, verdorbenem Futter und faulem Wasser auf schwankenden Schiffsplanken gestanden, sie waren durch unwegsames Gelände geritten worden, hatten schwere Lasten geschleppt – und nun waren sie frei und in einem Land, das ihnen optimale Bedingungen bot. Es gab praktisch keine Fressfeinde – mal abgesehen von ein paar Berglöwen, die sich aber nur bei äußerstem Hunger an einem schwachen Pferd vergreifen. Es gab wenig Nahrungskonkurrenten – wie sich später zeigte, konnten Pferde und die in den amerikanischen Steppen reichlich vorhandenen Bisons ja sehr gut nebeneinander her existie-

Edel, edel –
Mustangs im Sorraia-Typ.

ren. Das Klima war geradezu optimal – die Winter nicht zu hart, die Sommer nicht zu trocken. Was hätten sich Pferde mehr wünschen sollen? Vermutlich haben sich schon die ersten spanischen Pferde in der Neuen Welt fröhlich vermehrt und sind weiter ins Land hineingewandert. Sie bekamen schon bald Zuwachs, denn nachdem *Columbus* die Botschaft von den unermesslichen Reichtümern in der von ihm entdeckten Neuen Welt verbreitet hatte, setzte in Spanien ein richtiger Amerika-Boom ein.

Neue Flotten wurden zur Fahrt über das Meer ausgerüstet – und natürlich gehörten immer Pferde dazu. So zum Beispiel bei *Hernán Cortès* (1485–1547), der 1519 in Mexico landete. Über die Pferde, die er dabei hatte, wissen wir sogar näheres, denn im Reisebericht von *Cortès* Begleiter *Bernal Diaz* sind sie genau beschrieben: »Kapitän Cortès hatte einen dunklen Fuchs-Hengst, der starb als wir San Uan Ulúa erreichten ... Moron ... hatte einen Schecken mit weißen Strümpfen an den Vorderbeinen ... Diego de Ordás hatte eine graue Stute, ein Passgänger, der selten galoppierte ... Ortez, der Musiker und Bartholomé Garciá ... hatten ein schwarzes Pferd namens El Ariero und er war eines der besten Pferde in der Flotte ... 16 Pferde und ein Fohlen von der braunen Stute, die Sedena ... gehörte, wurden gebracht ...«

Dieses Fohlen war das einzige Pferd, das *Cortès* auf dieser Reise zurückließ – alle andere überlebenden Pferde verlud er wieder auf seine Schiffe, als er nach Sevilla zurückkehrte.

Aber aus der detaillierten Beschreibung von *Cortès*-Pferden können wir entnehmen, welche Sorgfalt die Spanier bei der Auswahl ihrer Pferde für solche Reisen anwandten – und je mehr Spanier kamen, desto mehr Pferde kamen mit ihnen.
Für die Indianer waren die berittenen Eroberer erst der heilige Terror. Sie kannten keine Pferde und sie kannten schon gar keine Reiter. Die Fremden, die in schimmernder Rüstung auf hohem Ross bei ihnen einfielen, erschienen ihnen wie Götter. Und als sie darauf kamen, dass die Conquistadores keineswegs Centauren und ihre Pferde keine gefährlichen Bestien waren, fingen sie wohl an, diese interessanten Tiere zu begehren. Und je mehr Spanier und damit auch Pferde ins Land kamen, desto größer wurde für die Indianer die Chance, selbst zu einem Pferd zu kommen – in dem sie kurzerhand eines stahlen und sich mit ihm davonmachten.

Indianerponys – Mustangs in Montana.

Pferdeklau für den Fortschritt

Pferdediebstahl war im mittelalterlichen Amerika ein weitverbreiteter Sport. Die Indianer hatten dabei überhaupt kein Unrechtsbewusstsein – warum auch? Die Fremden waren bei ihnen eingefallen, hatten unzählige von ihnen niedergemetzelt und hatten ihnen ihre Schätze gestohlen. Es herrschte Krieg zwischen den Indianern und den Eindringlingen. Hope Ryden schreibt darüber: »Häuptlinge, die zuerst freundlich gewesen waren und sogar als Führer gedient hatten, begannen zurückzuschlagen und die Camps der Weißen niederzubrennen. Um das weitere Vordringen der Forscher zu verhindern, nahmen ihnen die Tapferen unter den Indianern ihre Pferde und brachten damit die Eindringlinge im wahrsten Sinne des Wortes auf Augenhöhe mit den Indianern.[20]«
Die ersten Pferdediebe wussten wahrscheinlich gar nicht so recht, was sie mit ihrer Beute anfangen sollten. Wahrscheinlich ließen sie einen Teil der Pferde einfach laufen, ein paar werden wohl auch schon in Kochtöpfen gelandet sein. Um 1600 herum entstanden dann nahe der heutigen Stadt Santa Fe in New Mexico die ersten spanischen Siedlungen. Die Siedler brachten ihre Tiere mit – Ochsen, Schafe, Ziegen und natürlich Pferde. Und die Apachen in der Gegend entdeckten dann sehr schnell, dass die domestizierten Tiere der Siedler eine viel bequemere Jagdbeute waren als die wilden Bisons. Während man die erst einmal finden und einzeln jagen musste, konnte man die Nutztiere der Siedler bequem erreichen und ins Lager treiben.
Pferdesteak mag gut sein, aber ein Reitpferd zu haben, ist sicher noch besser. Es dauerte keine 100 Jahre, bis die Indianer in New Mexico

[20] Hope Ryden, »America's Last Wild Horses«, The Lyons Press, New York, Thirtieth Anniversary Edition, 1999, S. 45

darauf kamen und bis sie den spanischen Siedlern abgeguckt hatten, wie man Pferde ausbildet und reitet. Und schon bald entwickelten die Indianer im Sattel Fähigkeiten, die die der Weißen weit übertrafen. Auf dem bloßen Pferderücken, sich mit den nackten Füßen festklammernd, ohne ein Gebiss, benutzten die Indianer aus Pferdehaar geflochtene Halsreifen, um ihre Tiere zu steuern und entwickelten die Technik, sich seitlich am Pferd festzuhalten und es so gegen Angreifer von der Seite als Schild einzusetzen.

Die Siedler in New Mexico kamen gegen die berittenen Indianer nicht an. Sie versuchten, die mit den Apachen verfeindeten Pueblo Indianer erst zu christianisieren und dann als Hilfstruppen einzusetzen. Doch die Pueblo Indianer bekamen die Abhängigkeit von den Spaniern bald satt und wechselten die Seite. Das war zu viel für die Siedler. Der geballten indianischen Macht hatten sie nichts entgegenzusetzen – sie flüchteten und ließen dabei viele ihrer Tiere zurück. Die Pferde landeten wohl zum größten Teil in der Hand der Indianer, doch ein paar von ihnen haben sich vermutlich auch verselbstständigt.

Unterdessen machten die Siedler einen neuen Versuch, sich niederzulassen. Diesmal probierten sie es am Rio Grande bei El Paso. Sie bauten neue Häuser, sie legten neue Felder an und sie ließen sich aus Spanien neue Pferde bringen – Berichte sprechen davon, dass nun ein paar Tausend Hengste und Stuten kamen.

Ideales Pferdeland – die Steppen West-Amerikas sind ideal für Mustangs.

Ein königliches Dekret

Gleichzeitig mit dem neuen Siedlungsversuch erließ der König von Spanien, der von sich glaubte, Herrscher über Amerika und all' seine Einwohner zu sein, ein Dekret, das den Indianern verbot, zu reiten. Zu seinem Pech vergaß er aber, eine Polizeiarmee nach Mexico zu schicken, um es durchzusetzen und so muss man davon ausgehen, dass die Apachen und Comanchen, zu dieser Zeit schon excellente Reiter, von dem Gesetz wenig bis gar nicht beeindruckt waren. Sie ritten weiter – und mehr als das: Die Indianer freuten sich richtig über die Pferdelieferung aus Spanien. Die Tiere waren kaum bei den Siedlern angekommen, als die Indianer schon wieder auf den Farmen einfielen und reihenweise Pferde stahlen.

Es half den Siedlern auch nicht viel, dass sie in dieser Zeit begannen, ihre Pferde zu markieren. Aber aus dem Wort, das sie für ein markiertes, in ihrem Besitz befindliches Pferd benutzten, nämlich »mestenos«, entstand im Lauf der Zeit der Ausdruck »Mustang«, der heute für ein unmarkiertes Wildpferd angewandt wird.

Anpassungsfähig – Mustangs können gut klettern.

Vermutlich, weil sehr viele Mustangs von den Mestenos abstammen. Bei den dauernden Auseinandersetzungen mit den Indianern entkamen nämlich immer wieder Pferde. Außerdem blieben nicht alle Pferde, die sie gestohlen hatten, bei den Apachen und Comanchen. Diese Indianer waren Nomaden, die das ganze Jahr durchs Land wanderten, immer auf der Spur der Bisons, die ihre bevorzugte Beute darstellten. Die Wanderungen der Indianer waren gefährlich, denn zwischen den einzelnen Stämmen wurden andauernd Fehden ausgetragen. Die Indianer mussten ständig auf einen Angriff vorbereitet sein, darum saßen die wehrfähigen Männer eines Stammes in voller Kriegsbemalung auf ihren besten Pferden. Die anderen zu einem Stamm gehörenden Pferde – ob tragende Stute, Fohlen oder Jährling – mussten, ebenso wie die Frauen, die Kinder, die Alten und sogar die Hunde die Ausrüstung tragen. War dann das Lager aufgeschlagen, gingen die Krieger auf die Jagd. Die Pferde, die dafür nicht gebraucht wurden, blieben unter Aufsicht der Frauen, Kinder und Alten zurück. Das führte unweigerlich dazu, dass immer wieder Indianerpferde in die Freiheit entkamen und dort zu dem wurden, was wir heute »Mustangs« nennen.

Pferde verändern die Indianerkultur

Anthropologen nennen die Zeit zwischen 1640 und 1880 heute die Periode der Indianischen Pferdekultur. Tatsächlich hat wohl kaum etwas je eine Zivilisation so schnell und rapide verändert wie das Pferd die indianische. Bis 1640 waren die Indianer in Nordamerika entweder Jäger und Sammler gewesen, die – oft dem Verhungern nahe – zu Fuß hinter den großen Bisonherden herzogen oder sie hatten primitiven Ackerbau betrieben. Die Stämme untereinander hatten wenig Kontakt gehabt, Anregungen von außen gab es kaum.

Doch nun, mit dem Pferd, änderte sich alles. Der Aktionsradius der einzelnen Stämme wuchs, Ackerbau wurde weniger lohnend, dafür aber die Jagd einfacher. Dazu etablierte sich mit dem Pferd zum ersten mal so etwas wie »Handel« unter den Indianerstämmen. Vor allem die Apachen, Comanchen, die Pawnees und die Osages, die sowohl beim Pferdeklau wie auch in der Zucht schon sehr schnell sehr gut waren, hatten etwas, was andere Stämme wollten und wofür sie zu bezahlen bereit waren: Pferde. Die Pferdebesitzer konnten Güter eintauschen, die sie benötigten, Pferde begannen als eine Art »Währung« zu fungieren. Je wichtiger die Pferde wurden, desto breiteren Raum nahmen sie auch in der Sprache und Religion ein – die Indianer entwickelten neue Ausdrücke und Mythen. Dabei ging die Erinnerung an die Spanier, die die Pferde ins Land gebracht hatten, fast verloren. Ein alter Indianer, den Hope Ryden 1979 befragte, erzählte ihr, dass Pferde schon immer da gewesen seien. »Ich habe Leute sagen hören, dass sie [die Pferde, A.d.A.] von den Spaniern kamen. Die Weißen sagen das. Aber die Indianer sagen, die Pferde waren da. Sie sind unsere Pferde.[21]«

Im Westen wird's voller

Die Spanier waren die ersten weißen Siedler in Amerika, doch mit ihnen kamen nicht nur spanische, sondern auch andere Pferde. Irgendwann einmal waren so viele gute Pferde aus Spanien nach Übersee verschifft worden, dass man sich im Heimatland sorgte, die heimische Zucht könne dabei zu viel verlieren. Man verbot die Ausfuhr von spanischen Pferden. Weil in Amerika aber immer noch nicht genug Pferde gezüchtet wurden, musste weiter exportiert werden – und die Siedler griffen, nachdem aus Spanien kein Nachschub mehr zu bekommen war, auf die Angebote aus Nachbarländern zurück. Eine ganz wichtige Rolle im Pferdehandel am Mittelmeer spielten damals Berber und Araber. Sie wurden in großer Zahl gezüchtet und verkauft, sie waren erschwinglich und hart genug, die Seereise nach Amerika zu überstehen. So bedienten sich die spanischen Siedler dort in diesem Reservoir und es kam, wie es kommen musste: Sie führten Berber und Araber ein – und einige von ihnen landeten bei den Indianern und einige entkamen und verwilderten. Sie bildeten die zweite große Genquelle, aus der sich die heutigen Mustangs speisen.

Den spanischen Siedlern folgten andere – angefangen von den Engländern und Franzosen, die an der Küste Kolonien und Handelsniederlassungen bildeten bis hin zu den großen Einwandererwellen im 19. Jahrhundert. Je mehr Menschen nach Amerika kamen, desto mehr Pferde kamen auch. Die Mischung wurde immer bunter: Die Franzosen brachten ihre Warmblüter und schwere Percherons für die Arbeit auf dem Feld mit. Die Engländer erschienen mit ihren vom Vollblut geprägten Reitpferden, importierten Clyesdales und Shires für die schwere Arbeit und natürlich jede Menge Ponys, um die Bodenschätze ihrer neuen Heimat auszubeuten und um Lasten über große Strecken zu transportieren.

Je mehr Menschen ins Land kamen, desto enger wurde es an den Küsten. Die Siedlungsräume dehnten sich immer mehr ins Land hinein aus und schließlich reichte auch das nicht mehr – die neuen Einwanderer machten sich auf, den Westen zu besiedeln.

Unzählige Trecks zogen durch das Land – und jeder hatte Pferde dabei, die auf die von den Spaniern und Berbern abstammenden Mustangs und die Indianerpferde trafen. Hengste und Stuten entkamen den Einwanderern oder wurden von den Indianern gestohlen, die vierbeinigen Neuankömmlinge wurden zu einer neuen Ingredienz im Gencocktail, der die Mustangs ausmacht.

Amerika war das Traumland der Siedler – und offenkundig war es auch eines für Pferde. Die Wildlinge hatten sich, als

[21] Hope Ryden, »America's Last Wild Horses«, The Lyons Press, New York, Thirtieth Anniversary Edition, 1999, S. 49

Mustangtypen – oben: vom Araber geprägter Mustang. Unten: Pony-Typ.

die Trails durch den Westen zogen, schon so vermehrt, dass die Einwanderer von Millionen von Mustangs sprachen, die sie auf der Steppe sahen. Die Schätzungen, wie viele Millionen es gewesen seien, schwanken allerdings stark – in einem Bericht ist von zwei Millionen die Rede, ein anderer will gar von sieben Millionen wilder Pferde wissen.

Auf jeden Fall waren es ungeheuer viele, die zusammen mit riesigen Bisonherden im Westen lebten. Doch mit der Besiedlung des Westens wurde es eng. Die Siedler brachten Rinder mit und sie räumten das Weideland, in dem sie kurzerhand alles erschossen, was ihnen vor die Flinte kam. Wahrscheinlich sind Millionen von Mustangs erschossen worden. Es gab Kopfprämien für sie und schon nach einigen Jahrzehnten waren die riesigen Herden – sowohl die der Mustangs wie auch die der Bisons – verschwunden.

Es war wieder einmal die besondere Anpassungsfähigkeit der wilden Pferde, die ihnen das Überleben in Amerika sicherte. Als es auf der Prärie keinen Platz mehr für sie gab, zogen sie sich in Randgebiete und in die Berge zurück. Und in den unwirtlichen Gegenden, in denen keine Rinder mehr weiden, konnten die Härtesten von ihnen überleben und sich wieder vermehren.

Der Mustang an sich …

… ist nicht zu beschreiben, weil es »den Mustang« als Standardtyp nicht gibt. Wie sich schon aus der Historie entnehmen lässt, sind Mustangs keine konsolidierte Rasse, sondern ein Mix von Pferden aus aller Herren Länder.

Unter harten Bedingungen wie zum Beispiel auf den Inseln vor der schottischen Küste sorgt die Natur ganz schnell für Auslese und Konsolidierung. Doch im Pferdeparadies Amerika hatten auch Kreuzungsprodukte, die anderswo ganz schnell mangels Futter oder Schutz gestorben wären, eine Chance, zu leben und sich sogar zu vermehren. Dementsprechend gibt es Mustangs in allen Varianten – angefangen von Falben mit Aalstrich, bei denen man meint, heute noch den Sorraia zu sehen; stark andalusisch geprägten Typen, die sogar noch die hohe Knieaktion und den Ramskopf zeigen über die schmalen, vom Berber geprägten Typen, denen, die in einer Herde englischer »native ponys« nicht auffallen würden bis schließlich zu ausgesprochen »kaltblütigen« Typen – den Herden entstammend, bei denen irgendwann einmal ein Farmer dachte, dass er durch Einzucht eines Clyesdale- oder Percheron-Hengstes ein ideales Arbeitspferd erzielen könnte.

Woher kommen die Schecken?

Wenn man von einer nicht konsoldierten Pferderasse spricht, folgt normalerweise bei der Rassenbeschreibung die Angabe »Alle Farben vorhanden«. Im Fall der Mustangs kann das sogar noch weiter gehen: Sie sind nicht nur in allen Farben vom Rappen über Braune und Füchse bis zum Schimmel vorhanden, sondern dazu noch in jeder nur denkbaren Scheckvariante. Es gibt unter den Mustangs Plattenschecken, also Pferde, die eine großflächige Zeichnung aufweisen, es gibt aber auch Tigerschecken – und von beiden Arten innerhalb der Mustang-Population nicht eben wenig. Auf jeden Fall sind in Amerika bedeutend mehr Schecken unterwegs als in den europäischen Pferderassen.

Wo die Schecken hergekommen sind, ist keine Frage. Sie waren früher in Europa verbreitet und beliebt, was sich schon daran zeigt, dass unter den 16 Pferden, die Hernàn Cortés nach Amerika mitbrachte, schon mindestens ein »Pinto« – also ein Schecke – war. Und unter den Pferden, die später kamen, waren bestimmt einige Schecken – angefangen von den englischen Kaltblütern und die Shetland-Ponys, die ja des Öfteren Schecken sind, über Importpferde aus Nordeuropa. Vielleicht hat sogar der eine oder andere Knapstrupper-Tigerschecke den Weg nach Amerika und in den Westen gefunden?

Für die Verbreitung der Schecken unter den Mustangs nun gibt es eine gute Erklärung: Mode. So wenig Schecken im Europa der Neuzeit beliebt waren und deswegen aus fast allen unseren Warmblutzuchten entfernt wurden, desto interessierter waren die Indianer an den »bunten« Pferden. Manche Anthropologen erklären das damit, dass die Indianer vielleicht glaubten, auf gescheckten Pferden besser getarnt zu sein, andere nehmen an, dass die Individualität der Schecken ihnen entgegenkam, weil sie dadurch Pferde, die ihnen gehörten, sofort und eindeutig identifizieren konnten. Vielleicht hat ihnen Scheckung aber auch einfach gefallen. Auf jeden Fall aber galt eine spezielle Form – ein Pferd, das über die Augen, die Ohren und die Brust eine dunkle Zeichnung zeigt – den Chayenne Indianern als »heilig«. Sie nannten diese Pferde »Medicine Hats« und schützten sie besonders. Und vermutlich haben sie mit ihnen auch speziell gezüchtet, wodurch das Scheck-Gen weiter verbreitet und manifestiert wurde.

Ein wenig eckig – der vom Berber geprägte Mustang-Typ.

El Caballero – ihm sieht man die Andalusier-Vorfahren noch an.

Con variationi – ein Tigerscheck-Mustang.

Immer en vogue – Plattenschecke mit viel Weiß.

Die Umwelt macht das Pferd

Es dauert Jahrhunderte, bis in einer freundlichen Umgebung wie der in Amerika Pferde zu einer einheitlichen Form finden. Dass der Prozess der Evolution bei den Mustangs aber weiterschreitet, ist schon heute an einem Phänomen zu erkennen, das erst in den letzten Jahren aufgetaucht ist: Den Locken.

Beobachtet wurden Pferde, deren Fell gelockt ist, zum erstenmal in Mustangherden, die in Bergregionen leben. Und während man zuerst annahm, dass es sich vielleicht sogar um eine durch Inzucht verursachte Degenerationserscheinung innerhalb einer Blutlinie handeln könne, weiß man inzwischen, dass hier ein Mutationsprozess im Gange ist, der an verschiedenen Stellen stattfindet und offensichtlich zum Vorteil des jeweiligen Individuums ist. Inzwischen sind nämlich bei verschiedenen Mustangherden gelockte Tiere aufgetaucht – und nachdem sie ihre Locken teilweise an ihre Nachkommen vererben und damit die Zahl der gelockten Pferde wächst, haben sie einen Namen bekommen: Curlies. Wozu die Locken gut sind, liegt auf der Hand: Sie halten warm. Pferde, die damit ausgestattet sind, kommen offensichtlich besser durch den Winter als glatthaarige. Es gibt aber noch einen Vorteil der Locken, der allerdings nicht in erster Linie den Pferden zu Gute kommt: Untersuchungen lassen vermuten, dass die besondere Fellstruktur der Curlies menschlichen Pferdehaarallergikern zu Gute kommt. Sie scheinen mit Curlies umgehen zu können, ohne von ihren sonst üblichen Symptomen betroffen zu werden. Und das könnte nun dazu führen, dass die Locken endgültig zum Evolutionsvorteil der Pferde werden: Von Menschen bevorzugte Pferde werden besser geschützt und mit ihnen wird weiter gezüchtet. So ist davon auszugehen, dass die Curlies sich in den nächsten Jahren deutlich vermehren werden – und dass die Anlage zum lockigen Fell damit innerhalb einer bestimmten Population vollends genetisch gefestigt wird. Damit wären die Curlies dann vollends als eine aus den Mustangs hervorgehende, eigene Rasse zu sehen.

Psychologische Evolution

Die besonderen Bedingungen in Amerika scheinen aber nicht nur auf die äußere Erscheinung der Mustangs zu wirken, sondern auch auf ihr Verhalten. Mustanghengste sind Beobachtungen zu Folge deutlich dominanter und aggressiver als Hengste anderer, frei lebender Rassen, sie »beherrschen« ihre Stuten mehr als zum Beispiel die relativ friedlichen Connemaras oder sogar Sorraias, die als recht zärtliche Herren gelten. Gleichzeitig wird aber von einer Kooperationsbereitschaft unter den Hengsten berichtet, die bei europäischen Pferden so noch nicht beobachtet wurde (was aber vielleicht auch daran liegen kann, dass keines der europäischen Wildpferde natürliche Feinde hat, so dass keine Notwendigkeit für solche Kooperation besteht).

Das erste Zeugnis stammt aus dem Jahr 1882. General *Abe Buford* schrieb in der New York Times einen ausführlichen Bericht über eine Begegnung zwischen Pferden und einem Rudel von Wölfen, die er als junger Soldat erlebt hatte: »Die Pferdeherde war an die 150 Köpfe stark und das auffallendste unter ihnen war 'the Great White Horse of the Plains', von dem viele von Ihnen sicher schon oft gelesen haben. Er schien der Kommandeur zu sein und hatte die Stuten zu einem Kreis mit den Hinterhufen zum Feind formiert. Der Durchmesser dieses Kreises betrug um die 100 Yards mit allen Fohlen und jungen Pferden im Zentrum; alle Hengste mit dem »white horse« als Anführer waren außen und umrundeten den Kreis von Stuten, die die Wölfe bekämpften.«

Abgesehen davon, dass Stuten ihren Feinden grundsätzlich nie den Hintern zeigen, sondern mit den Vorderhufen angreifen, scheint der Bericht glaubwürdig – und er zeigt, dass hier mehrere Familienverbände mit ihren jeweiligen Familienhengsten unter Anleitung eines besonders starken Hengstes eine Gefahr abwehrten.

Von einer ähnlichen Beobachtung berichtet dann auch Hope Ryden: »Ich habe gesehen, wie verschiedene, hengstdominierte Haremsverbände sich bei Gelegenheit unter der Führerschaft eines speziellen Hengstes vereinigten. Unter normalen Umständen ist solche Kooperation unter den männlichen Tieren ein Widerspruch zu ihrer Natur. Im Normalfall wird jeder Haremsverband von einem Hengst geführt, der die Annäherung eines anderen Hengstes nicht duldet ...[22]« Und dann beschreibt sie ganz konkret: »Im Sommer 1969 habe ich in der Red Dessert selbst eine solche Operation beobachtet. Fünf Hengste trieben ihre fünf Haremsverbände in eine Herde zusammen, die 20 Stu-

[22] Hope Ryden, »America's Last Wild Horses«, The Lyons Press, New York, Thirtieth Anniversary Edition, 1999, S. 135

Hengstkampf – Teil des normalen Verhaltensrepertoires.

ten, Fohlen und Jährlinge enthielt. Genau wie General Bulford beschrieb, sah das Manöver aus wie eine eingedrillte, militärische Taktik. Die 'niederen' Hengste galoppierten am Ende der Herde hinter ihren Stuten, genau vor dem führenden Hengst, der den Rückzug deckte. Nur der führende Hengst stoppte von Zeit zu Zeit und drehte sich zum Angreifer – der, in seinem Fall, zufällig ich war.[23]«

Wie Hope Ryden schon sagte: Eine solche Taktik der Kooperation ist ungewöhnlich für Pferde. Dass die Mustangs dennoch dazu fähig sind, kann man als einen weiteren Schritt in ihrer sozialen Evolution zählen.

Ein schwieriger Fall: Brumbys in Australien

An den Mustangs können wir uns freuen. Bei ihren australischen Vettern, den Brumbys, wird das schwierig. Oder, um es in den Worten vieler Australier zu sagen: »Brumbys kann man sowohl als eine Pest wie auch als eine Resource sehen.« Doch wenn man vernünftig und vor allem im Sinne der Natur denkt, dann ist man leider näher an »Pest« denn an Ressource.

Bevor Sie, Pferdefreund der Sie sind, mir nun einen bitterbösen Brief schreiben, lassen Sie mich diese Aussage bitte weiter erklären und damit vielleicht auch rechtfertigen. Die Geschichte der Brumbys unterscheidet sich nicht sehr von der der Mustangs – nur dass Australien später von Weißen besiedelt wurde als Amerika. Die ersten Siedler und Pferde kamen dort 1788 an und mit ihnen kam es zu einer regelrechten Einwanderungswelle sowohl von Zwei- wie auch von Vierbeinern. Unter den ersten Siedlern in Australien war dann auch der Herr, dem die Brumbys ihren Namen verdanken – der englische Soldat *James Brumby*, der beim New South Wales Corps diente und nicht nur Soldat, sondern auch Hufschmied war. Als er nach Beendigung seines Militärdienstes 1804 nach Tasmanien kam, nahm er einige Pferde mit, die dort frei laufen durften (oder ihm auskamen? So genau weiß man das heute nicht mehr). Fragten irgendwelche Leute nach diesen Pferden und wem sie gehörten, bekamen sie zur Antwort: »They are Brumby's« – so lautet jedenfalls die gebräuchlichste Erklärung für den Namen der verwilderten Pferde in Australien.

Es waren aber natürlich nicht nur Herrn Brumbys Pferde, die sich in Australien verselbstständigten. Mit jeder Einwanderungswelle kamen neue Pferde und je mehr die Engländer im Land sesshaft und teilweise auch reich wurden, desto mehr von ihnen ließen neue Pferde – teilweise sogar edle Vollblüter, aber auch Arbeitspferde – nachkommen. Anpassungsfähig wie Pferde sind, wurden sie in Australien schnell heimisch, vermehrten sich – und brachen aus den Corrals der Farmen aus. Das Land war weit, es war fast unmöglich, ein entlaufenes Pferd wieder einzufangen, das Futterangebot war reichlich, es gab keine Fressfeinde – die entlaufenen Hauspferde verwilderten und vermehrten sich innerhalb kürzester Zeit.

Derselbe Prozess wie in Amerika – auf den ersten Blick. Auf den zweiten aber gibt es einen signifikanten Unterschied: Während Pferde in Amerika einstmals heimisch waren und die amerikanische Flora und Fauna sich mit ihnen zusammen entwickelt hat, sind Pferde in Australien Eindringlinge. Und schlimmer noch: Sie sind Eindringlinge in einem Ökosystem, das sich über Jahrmillionen abgeschieden entwickelt hat und dessen Flora und Fauna daher überhaupt nicht auf Pferde eingestellt ist. Während zum Beispiel der amerikanische Bison als Nahrungskonkurrent des Pferdes dessen Erscheinen gewachsen war und sich auch halten konnte, als die Pferde immer mehr wurden, haben die australischen Beuteltiere keine Chance. Wo immer Brumbys sich ausbreiten, werden zum Beispiel Känguruhs verdrängt und sterben aus. Und das führt nicht nur dazu, dass verschiedene Känguruharten durch die wilden Pferde (und natürlich auch die unzähligen, ebenfalls nicht zum australischen Ökosystem gehörenden Nutztiere wie Rinder und Lämmer oder die »nur zum Spaß« eingeführten und inzwischen zur absoluten Pest gewordenen Kaninchen) in akute Bedrängnis geraten, sondern auch zu nicht absehbaren Schäden im gesamten Ökosystem.

[23] Hope Ryden, »America's Last Wild Horses«, The Lyons Press, New York, Thirtieth Anniversary Edition, 1999, S. 137

Kleine Ursache, große Wirkung

Eindringlinge in einem empfindlichen Ökosystem – Brumbies in Australien.

Wie überall, ist auch in der australischen Natur Fauna und Flora fein miteinander ausbalanciert. Es ist nicht nur so, dass die Tiere die Pflanzen als Futter brauchen, sondern teilweise brauchen die Pflanzen auch die Tiere. Ein Beispiel dafür, wie fein das Zusammenspiel teilweise ist, wurde erst in neuerer Zeit erkannt: Bestimmte australische Bäume in den Trockengebiete brauchen Känguruhs. Die graben sich nämlich in der Mittagshitze im Schatten der Bäume Kuhlen, in die sie sich zum Dösen hineinlegen. Später, wenn die Sonne nicht mehr gar so sehr gleißt, hüpfen sie dann wieder davon, doch die Kuhlen bleiben zurück und in ihnen entsteht durch den Temperaturunterschied ein ganz leichter Niederschlag durch Verdunstung. Es handelt sich dabei vermutlich nur um wenige Tropfen – aber in einem Land, in dem es über Monate nicht regnet und in dem die Pflanzen mit geringster Wasserzufuhr auskommen müssen, sind diese paar Tropfen für die Bäume überlebensnotwendig. Gibt es keine Känguruhs und damit auch keine Kuhlen mehr, sterben die Bäume ab. Das erhöht dann zum einen die Gefahr von Buschbränden und zum anderen gibt es bei abgestorbenen Bäumen noch weniger Schutz vor der gnadenlosen Sonne, also dörrt der Boden noch mehr aus, die Erosion kann ihn noch mehr angreifen und die Gefahr droht, das aus Baumsteppe Wüste wird.

Schon das Beispiel zeigt, wie gefährdet das australische Ökosystem mittlerweile ist und ein Teil der Gefährdung sind die Brumbys. Wie immer man zu Pferden steht – dieses Faktum lässt sich nicht wegdiskutieren. Und darum sind die Brumbys für Australien wahrscheinlich wirklich eine Pest. Wenn sie in Australien überleben sollen – und sei es auch nur, weil der Versuch, sie durch Jagd auszurotten, vermutlich ebenso sinnlos wäre wie die vielen Versuche, der australischen Kaninchenplage Herr zu werden – dann kann das wohl auf Dauer nur bei Haltung in speziellen Reservaten bei strengster Kontrolle der Population geschehen.

Die Zukunft wird es weisen, doch muss man sich – im Interesse der australischen Flora und Fauna – vor Einseitigkeit und Sentimentalität in Acht nehmen.

Schlechte Karten: Wilde Pferde in Namibia

Afrika ist Pferdeland. Ein Teil der Equiden hat sich dort entwickelt, zumindest zwei Familien – Esel und Zebras – sind dort zuhause, nahe Verwandte wie zum Beispiel das Okapi lebten dort. Keine Frage: Pferde sind in Afrika keine Eindringlinge. Dennoch sind Wildpferde in Afrika kaum denkbar, denn in großen Teilen des Kontinents sind Tsetsefliegen unterwegs, gegen deren Gift Equus Caballus nicht resistent ist. Wer immer in Afrika Pferde halten will, muss sie ständig speziell impfen lassen. Und selbst dann scheint ihnen in weiten Teilen des Landes das Klima nicht zu bekommen.

Das hat dazu geführt, dass es vom Kolonial- und Einwanderungskontinent Afrika keine Pferdeverwilderungs-Geschichten wie aus Amerika und Australien zu berichten gibt. Obgleich immer wieder Siedler aus Europa Pferde in Afrika einführten, konnten sich die meisten dort nicht halten, geschweige denn wilde Herden bilden. Mit einer kleinen – wirklich kleinen – Ausnahme: In der Wüste Namib ist seit einigen Jahren eine verwilderte Pferdeherde unterwegs. Woher sie genau kommt, ist nicht nachvollziehbar. Die meisten Berichte vermuten, dass die ungefähr 20 bis 30 Pferde, die am Rand der Namib unter härtesten Umständen leben, Trakehner seien, die von einem aufgelassenen Gestüt stammen. Was immer daran sein sollte: In der Namib haben sie eines der wenigen Gebiete Afrikas gefunden, in dem sie vor Tsetsefliegen und Fressfeinden wie den großen Raubkatzen einigermaßen sicher sind.

Dennoch ist nicht sicher, ob sie sich halten können. In den letzten Jahren hatten sie anscheinend Glück und fanden immer genug Wasser und Futter, so schwer das in einer Wüste auch sein mag. Doch sie vegetieren am Rand des absoluten Pferde-Existenzminimums dahin und schon die nächste längere Trockenphase kann zu ihrem Aussterben führen.

Zum Weiterlesen

Binder, Sibylle/Zilliken, Monika

Warmblutpferde

Rassen, Reitweise, Kauf, Haltung
Müller Rüschlikon, 2001

Binder, Sibylle Luise

Vollblutpferde

Rassen, Reitweise, Kauf, Haltung
Müller Rüschlikon, 2002

Dossenbach, Monika und Hans

Pferde, Cowboys, Westernreiten

Müller Rüschlikon, 2002

Haller, Martin

Iberische Pferde

Rassen, Reitweise, Kauf, Haltung
Müller Rüschlikon, 2000

Haller, Martin

Kleinpferde & Ponys

Rassen, Reitweise, Kauf, Haltung
Müller Rüschlikon, 2001

Klee, Otto

Islandpferde erleben und verstehen

Müller Rüschlikon, 2001

Ott, Hubertus

Westernpferde

Rassen, Reitweise, Kauf, Haltung
Müller Rüschlikon, 2000

Peplow, Elisabeth

Im Reich der Pferde

Müller Rüschlikon, 2000

Röger-Lakenbrink, Inge

Freiberger

Müller Rüschlikon, 1997

Schmelzer, Angelika

Kaltblutpferde

Rassen, Reitweise, Kauf, Haltung
Müller Rüschlikon, 2000

Spottke, Susanne

Arabische Pferde

Rassen, Reitweise, Kauf, Haltung
Müller Rüschlikon, 2000

Tillisch, Karin/Schemel, Denise

Gangpferde

Rassen, Reitweise, Kauf, Haltung
Müller Rüschlikon, 2000